멘탈 골프

아카데미북

핸디를 낮추는 멘탈 골프

초판 1쇄 발행 | 2005년 4월 15일
초판 2쇄 발행 | 2006년 4월 10일

지은이 | 임승준
그린이 | 이용훈
펴낸이 | 양동현

펴낸곳 | 도서출판 아카데미북
출판등록 | 제13-493호
주소 | 서울 성북구 동소문동4가 124-2
대표전화 | 02)927-2345 팩시밀리 | 02)927-3199
이메일 | academy@academy-book.co.kr

ISBN | 89-5681-041-9 13690

www.academy-book.co.kr

핸디를 낮추는

멘탈 골프

| 임승준 지음 | 이용훈 그림 |

아카데미북

내가 골프를 시작한 것은 스무 살 무렵이다. 대학생이 되었을 때 "남자가 사회 생활을 잘하려면 골프를 칠 줄 알아야 한다"면서 아버지께서 클럽을 사다 주신 것이 계기가 되어 골프를 시작하게 되었다. 학위를 마치고 컴퓨터 소프트 엔지니어로 직장 생활을 하면서 그저 하나의 취미였던 골프가 이제 25년이라는 세월이 흘러 지금은 가장 소중한 나의 전공이 되었다. 그동안 연구하고 실험하여 골프에 대한 나름대로의 체계를 깨닫고 정립해서 이렇게 세상에 내놓게 된 것에 감회가 새롭다.

몸집이 그리 크지 않고 날렵한 사람들이 그렇듯 나 역시 운동에 취미가 있어 조금만 연습을 하면 어느 정도는 할 수 있다는, 운동에 대한 자신감을 갖고 있었다. 그래서 골프라는 운동 역시 별로 대수롭지 않게 생각하고 시작했다. 그러나 어찌된 일인지 이 운동은 연습량과 실력이 정비례해 늘지 않았다. 게다가 오늘 확실히 드라이버를 잡았다고 생각했는데 한순간에 무너지고 마는 순간이 얼마나 많던지……. 정말 그럴 때마다 '이놈의 골프 다 때려치고 말아야지' 하는 생각을 한 것이 한두 번이 아니다. 골프를 일 년에 한 20회 정도 하곤 했지만 잘 칠 때 한두 번 80대를 치는 것이 고작이고 결국 90과 95 사이에서 핸디가 멈춰 골프에 대한 한계를 느끼기 시작했다.

그러던 어느 날, 필자와 직장에서 함께 일하던 친구가 일본으로 돌아가 선물로 작은 인형을 하나 보내 왔다. 두 눈에 눈동자가 없는 나무 인형이었는데, 이 친구의 설명인즉 자신이 이루고자 하는 미래의 꿈을 생각하며 인형의 한쪽 눈에 눈동자를 그려 넣고 그것이 실현되었을 때 다른 한쪽 눈동자를 그려 넣는 것이라고 했다. 이런저런 궁리 끝에 한쪽 눈을 까맣게 칠하면서 '내가 72타를 치는 날 다른 한쪽 눈동자를 메우겠다' 고 마음먹었다. 그러나 잘해 봤자 보기 게임이요, 못 치면 90대 중반인데 세상에서 가장 바쁘게 돌아간다는 실리콘밸리(Silicon Valley)의 엔지니어로 있으면서 어느 세월에 싱글도 아닌 72타를 친다는 것인지 그때로서는 막막하기만 했다.

어쨌거나 그것이 계기가 되어 작심을 하게 되었고, 일 년 정도 열심히 골프를 해 봐서 그해에 싱글 핸디캡에 도달하면 골프를 계속하겠지만 그렇지 못하면 골프에 소질이 없다고 생각하고 일찌감치 이 힘든 운동을 포기하기로 결심했다. 그때가 1990년, 첫아이가 막 한 살이 되기 전이었다. 한참 바쁜 결혼 초였지만 일단 조그마한 네트와 공을 칠 수 있는 헌 매트를 구해 뒷마당에 놓고 회사에 출근하기 전에 약 30분, 저녁 식사 후 30분 정도를 할애해 연습에 돌입했다.

'도대체 싱글이라는 것이 왜 그렇게 어려운가.', '그것을 달성하기 위해서는 어떻게 해야 할까?' 많은 골프 서적들을 접하면서 싱글을 치는 이들의 실력이 어떻게 만들어졌는지를 발견하게 되었다. 그들이 필자보다 눈에 띄게 잘하는 것은 물론 숏 게임과 퍼팅이었다. 드라이버 역시 보기 골퍼들보다는 더 정확했고, 또 설명하기는 어렵지만 무언가 게임을 좀 더 성숙하게 운영하고 있음을 알 수 있었다.

엔지니어들은 일단 어려운 문제에 봉착하게 되면 그 문제를 쪼개고 쪼개서 여러 개의 작은 문제로 만들어 그것을 하나하나 해결해 나가는 습관이 있다. 필자 역시 싱글 핸디를 하나의 문제로 보고 분석을 시작했다. 그 결과 대략 10가지 정도를 잘하면 싱글 골퍼가 될 수 있겠다는 결론에 다다랐다. 드라이버 샷, 세컨드 샷, 페어웨이 우드 샷, 피칭, 치핑, 퍼딩, 경사진 곳에서의 트러블 샷, 벙커 샷, 그리고 코스 매니지먼트로 분석한 뒤 처음부터 한 분야씩 정복해 나가기로 했다. 이를 연구하면서 더 깊이 파고들어 깊은 생각을 하게 되었는데, 결국 이것이 필자가 펜을 든 것의 열매가 되었다.

우선 드라이버 샷과 세컨드 샷, 페어웨이 우드 샷 등은 풀 스윙과 관련된 것이므로 스윙의 움직임을 셋업에서부터 피니시까지 집중적인 훈련을 했다. 퍼팅은 텔레비전을 보다가도 카펫을 그린 삼아 틈틈이 긴 퍼팅, 중간 퍼팅, 짧은 퍼팅으로 나누어 공략했다. 치핑 또한 여러 가지 클럽을 사용하여 거리감을 익혔으며, 피칭은 연습장에서 30m, 60m, 90m의 거리를 보내는 스윙에 집중했다. 경사진 곳에서의 샷은 많은 전문 서적을 읽으면서 경사가 진 곳에서 몸의 중심을 잃지 않고 스윙하는 기술을 이해했고, 모래의 깊이와 클럽 페이스의 관계를 공부하며 벙커 샷 연습도 했다. 코스 매니지먼트는 한 달에 한 번 정도, 많으면 두 번 정도 쳤으므로, 한번 나갔던 코스를 집에 와서 바둑을 둔 뒤 복귀하듯 머릿속으로 계속 코스를 돌면서 무엇을 잘못했는가를 분석하며 일 년 정도 했다.

그 결과 9개월까지는 핸디가 별로 많이 떨어지지 않았다. 그런데 한순간 갑자기 핸디가 우두둑 떨어지더니 10개월 뒤에 참가한 토너먼트의 마지막 파5홀에서 결국 이글을 잡아 그리도 원하던 80을 치면서 공식 대회에서 싱글 맛을 보게 되었다.

그때부터 골프를 더욱 과학적이고 체계적으로 접근하게 되었고, 이를 바탕으로 멘탈 게임을 집중 연구하게 되었다. 그 결과 일 년에 20여 회의 라운딩만으로도 핸디를 계속 떨어뜨릴 수 있는 총체적인 멘탈 게임을 나름대로 정립하기에 이르렀다. 이후 1996년에는 미국 골프 티칭 협회(United States Golf Teacher Federation)에서 주는 티칭 프로 자격증을 따게 되었고, 2003년에는 마스터(Master) 티칭 프로 자격증을, 그리고 2004년 10월에는 한국인으로는 두 번째로 검사관 자격을 갖게 되었다.

이 책은 그동안 연구, 개발한 골프 근육 운동과 멘탈 게임을 토대로 미국 회사에서 그룹 레슨을 통해 얻은 경험과 TGS(Total Golf Solution) 골프 아카데미의 많은 한국인 학생들을 지도한 결과를 바탕으로 쓰여졌다.

보기 게임을 유지하기 위해 또는 싱글이 되기 위해 대다수의 골퍼들은 수많은 시간을 골프장에서 허비한다. 하지만 필자는 이 책을 통해 한 달에 한두 번 정도의 필드 라운딩과 일주일에 두세 번 정도의 레인지 연습만으로도 근육을 집중적으로 개발하고 멘탈 골프를 습득할 수 있는 방법을 소개했다. 이 방법을 습득해 생각하며 치는 골퍼가 된다면 누구나 그리 어렵지 않게 싱글의 문턱을 넘어설 수 있을 것이라고 감히 장담한다.

끝으로 이 책이 나올 수 있도록 나에게 재능(talent)을 주신 하나님께 감사드리고, 뒤에서 늘 마음으로 밀어 주신 부모님과 오랫동안 함께 작업해 준 나의 아내에게 이 책을 바친다. 또한 그동안 지면을 할애해 글을 올려 준 샌프란시스코 한국일보 강승태 사장님과 아낌없는 격려와 조언으로 집필에 대한 용기를 불어넣어 주신 황우진 사장님, 망설임 없이 이 책의 출판을 맡아 주신 양동현 사장님과 일러스트를 맡아 주신 이용훈 화백께 진심으로 감사를 드린다. 더불어 바쁜 와중에도 애정을 갖고 교정을 봐 주신 계덕순 씨와 강기석 씨, 장효정 님과 T.G.S 골프 스쿨 학생 모두에게 깊은 감사의 뜻을 전한다.

2005년 봄

임 승 준

차례

머리말 · 4

서문 _ 골프를 잘하려면 생각부터 바꾸자 · · · · · · · · · · · · · 12

↗ **PART 1 _ 게임 인식**

1. 골프는 서양의 요가? · · · · · · · · · · · · · · · · · 20

2. 멘탈 핸디캡과 컴포트 존 · · · · · · · · · · · · · 26

3. 치명적인 샷(Critical Shot) · · · · · · · · · · · 30

4. 득과 실(Reward and Risk) · · · · · · · · · · · 35

5. 골프는 확률 게임 · · · · · · · · · · · · · · · 40

6. 골프는 우리를 겸손하게 만든다 · · · · · · · · · 46

7. 비거리 콤플렉스 · · · · · · · · · · · · · · 49

8. 동전의 양면성 · · · · · · · · · · · · · · · · 53

↗ **PART 2 _ 자아 인식**

1. 템포란 무엇이며, 왜 그리 중요한가? · · · · · · · · · · · 60

2. 긴장 해소 방법을 찾아라 · · · · · · · · · · · · · 65

3. 현명한 클럽 선택은 싱글이 되는 필수 조건 · · · · · · · · · 69

4. 골프 스윙의 중요한 열쇠들 · · · · · · · · · · · · 75

5. 카멜레온 같은 골퍼가 되자 · · · · · · · · · · 79

6. 클럽 비거리, 얼마나 정확히 알고 있나? · · · · · · · · · · 83

7. 백 스윙 – 첫 30cm의 중요성 · · · · · · · · · · · 89

8. 트리플 보기와 버디 후 감정 조절하기 · · · · · · · · · 93

↗ PART 3 _ 환경 인식

1. 페어웨이 폭 2배로 사용하기 · · · · · · · · · · · 98

2. 자연을 잘 관찰하고 순종하라 · · · · · · · · · · · 102

3. 어떻게 치든 공은 페어웨이에 떨어져야 한다. · · · · · · · 105

4. 거리는 핀에서부터 잰다 · · · · · · · · · · · · 109

5. 첫 퍼팅은 오르막 퍼팅이 되도록 준비한다 · · · · · · · 113

6. 러프 샷 대처 방법 · · · · · · · · · · · · · 116

7. 멘탈 골프 총정리 · · · · · · · · · · · · · 121

↗ PART 4 _ 숏 게임과 퍼팅 테크닉

1. 테크닉만으로는 싱글 골퍼가 될 수 없다 · · · · · · · · · 126

2. 숏 게임, 왜 중요한가? · · · · · · · · · · · 129

3. 퍼팅, 왜 이리 힘들고 어려운고! · · · · · · · · · · 135

4. 숏 퍼팅은 과감하게 · 141

5. 중간 퍼팅, 언제든지 홀 아웃할 수 있다는 감각으로 · · · · 146

6. 긴 퍼팅의 최대 목표는 투 퍼트 · · · · · · · · · · · · · 151

7. 퍼팅 총정리 · 156

PART 5 _ 풀 스윙 테크닉

1. 공 방향의 법칙 · 162

2. 셋업의 4가지 · 166

3. 풀 스윙과 트러블 샷 정리 · · · · · · · · · · · · · · · · 173

부록 _ 골프의 미스터리, 그것이 알고 싶다

부록 1. 골프의 미스터리, 그것이 알고 싶다 · · · · · · · · · · · 184

부록 2. 벼락 골프 팁 베스트 10 · · · · · · · · · · · · · · · · 188

부록 3. 필드 레슨 포인트 · · · · · · · · · · · · · · · · · · · 193

부록 4. 스윙의 열쇠들 · 197

부록 5. 평상시 반드시 알고 있어야 할 상황 골프 룰 베스트 25 ·

· 199

골프를 잘하려면 생각부터 바꾸자

> "우리가 직면하고 있는 중요한 문제점들은 그 문제를 발생시킨 같은 수준의 사고로는 해결할 수 없다." 앨버트 아인슈타인(Einstein, Albert, 1879~1955)

LPGA(Ladies Professional Golf Association : 미국 여자 프로 골프 연맹) 토너먼트에서 국민 골퍼 박세리가 다승(多勝)을 하며 국위 선양을 하고 있고, 1백 년에 한 번 나올까 말까 한다는 골프 신동 타이거 우즈(Eldrick Tiger Woods)와 천재 소녀 골퍼 미셸 위(Michelle Wei)가 등장하여 세계 골프계의 주목을 받고 있다. 뿐만 아니라 20여 명의 한인 여성 골퍼들이 LPGA 상위권에 대거 포진하면서 이제 골프는 특수층만의 스포츠가 아닌 남녀노소를 불문하고 누구나 관심을 갖는 대중 스포츠가 되어 가고 있다. 그 결과 많은 사람들이 골프를 하게 되어 기술적인 면에서는 많은 연구와 발전이 이루어졌다. 하지만 상대적으로 멘탈(Mental) 골프에 대한 관심은 아직도 멀기만 하다.

처음 골프채를 잡은 사람에게 멘탈 골프에 대해 이야기하면 무슨 말인지 감을 잡지 못할 것이다. 그러나 골프장에서 신고식을 하고 몇 번 라운딩을 하다 보면 골프가 멘탈 게임이라는 말을 적지 않게 들을 수 있다. '골프를 잘하려면 마음을 비워야 한다', '연습처럼만 스윙하면 최고의 점수를 낼 수 있을 텐데……' 이와 같이 알게 모르게 멘탈 게임에 대해 이야기하는 것을 자주 보게 된다. 이처럼 멘탈에 관해 여기저기서 들어 아는 것 같기는 한데 막상 그 멘탈을 경기에 적용해 골프 실력을 향상시키고, 핸디를 줄일 수 있는 방법을 아는 골퍼는 그리 흔치 않다. 그 이유의 하나가 멘탈이라는 단어가 부여하는 의미가 너무 광범위하고 추상적이며 주관적이기 때문이다. 그렇기 때문에 이에 관한 집중적인 연구와 조사도 용이하지 않고, 또 멘탈을 체계적으로 설명해 주거나 기록으로 되어 있는 것을 찾기도 힘들다.

필자가 지난 몇 년간 많은 학생들을 가르치면서 느낀 한 가지 흥미로운 사실은 공을 치기 바로 전에 어떠한 마음가짐으로 스윙하느냐에 따라 샷의 결과에 커다란 차이가 생기고, 이것이 곧 성적에 직접적인 영향을 미친다는 것이다. 필자는 이 책을 통해 테크닉과 멘탈을 조합해 플레이어들의 골프 수준을 한 단계 높일 수 있는 구체적이고도 효율적인 방법을 제시하고자 한다.

필자가 개발하고, 현재 가르치고 있는 방식은 주말 골퍼들이 범하기 쉬운 오류들을 새로운 각도에서 분석하여 골프로 인한 역스트레스를 모두 해소하고, 골프 실력을 향상시킬 수 있는 방법과 요소들을 함축·정리해 만든 '실용적인 골프 인식(Practical Golf Awareness)' 테크닉이다. 기존의 골프 서적들이 어떤 특정 부분의 테크닉을 깊이 다루었다면 이 책은 18홀이라는 주어진 상황에서 효율적으로 사용할 수 있는 내용들을 구체적이고도 전반적으로 다루었다. 이 책의 내용을 마스터하고 활용한다면 누구나 쉽게 싱글 골퍼의 길로 들어설 수 있으리라 확신한다.

골프 레슨이라고 하면 대부분 테크닉을 생각하는데, 사실 그것만으로 골프를 잘하기란 매우 어렵다. 그래서 많은 이들이 레슨을 받아도 성적에 그리 커다란 효과를 보지 못하는 것이다. 물론 티칭 프로나 투어 프로가 된다면 매 순간 테크닉을 점검하겠지만 주말 골퍼의 99%는 프로만큼 정교한 샷을 구사할 수 있는 시간적 여유가 없다. 설령 있다 하더라도 그것을 소화할 수 있는 능력이 부족하다. 그렇기 때문에 대다수의 주말 골퍼들은 자신이 현재 갖고 있는 테크닉으로 가장 효과적이고 적절하게 매 샷을 어떻게 대처해 나가야 하는지를 배우는 것이 더욱 중요하다. 그래서 이 책에서는 테크닉 설명에 중점을 두기보다는 전체적으로 무엇을 배워야 골프를 효율적으로 칠 수 있는지를 설명했다. 이 책은 크게 6가지로 구성되어 있다.

제1부는 게임 인식(Game Awareness)으로, 여기서는 골프라는 운동의 특성이 소개되어 있다. 당구를 잘하는 사람들은 초보자들이 볼 수 없는 길이 보인다고 하는 것처럼 골프 역시 그 자체가 주는 여러 가지 숨은 길이 있기에 이러한 점들을 중점적으로 분석했다. 골프를 잘하려면 먼저 골프 게임에 숨어 있는 법칙들을 미리 인식하여 불필요한 실수를 미연에 방지할 수 있어야 한다. 싱글이 되고자 하는 독자들에게는 필수적인 내용이라 하겠다. 여기서는 멘탈 핸디캡, 컴포트 존, 크리티컬 샷, 비거리와 정확성, 골프와 확률 등을 다룬다.

제2부는 자아 인식(Self Awareness)으로, 흔히 말하는 멘탈 게임을 좀 더 분석했다. 단순히 마음을 비우는 차원을 넘어 왜 그래야 하는지, 또 언제 어떻게 그래야 하는지를 알 수 있도록 했다. 또 매 순간 자신의 컨디션을 파악하여 샷을 조정하는 방법과, 어떻게 해야 다음 홀에서 버디 값을 치르지 않는지, 그리고 연습이라고 해서 장점만 있는 것은 아니라는 것도 배우게 된다. 여기서는 템포의 중요성과 긴장 해소 방법, 현명한 클럽 방법 등을 다룬다.

제3부는 마지막 인식 단계로, 환경 인식(Environment Awareness)이다. 우리가 흔히 말하는 코스 매니지먼트(Course Management)도 이 환경 인식에 포함된다. 코스가 주는 여러 가지 함정을 미리 깨닫고 피해 가는 방법과 페어웨이를 평상시보다 2배 넓게 사용하는 요령, 핀을 거꾸로 공략하는 방법, 치핑할 때 가능하면 공을 핀의 아래쪽에 착지시켜 오르막 퍼팅으로 유도하는 방법 등

을 다루었다.

제4부는 숏 게임과 퍼팅에 관한 중요한 내용들을 정리했다. 숏 게임(피칭과 치핑)의 중요성, 긴 퍼팅, 짧은 퍼팅, 중간 퍼팅을 어떻게 공략해야 하는지에 대한 자세한 설명과, 골프에서 퍼팅이 차지하는 비중, 멘탈에 대해서도 다루었다. 퍼팅에 자신이 없는 골퍼라면 반드시 읽어야 할 부분이다.

제5부는 풀 스윙 테크닉을 총 정리하면서 셋업에서부터 풀 스윙까지 그림을 첨부해 알기 쉽게 설명했다. 특히 스윙 문제의 80%가 셋업에서 발생함을 설명하면서 공은 이미 맞고 지나갔는데 왜 피니시를 끝까지 해야 하는지, 올바른 코킹은 언제 어떻게 해야 하고 올바른 다운 스윙의 시작은 왜 왼발부터 시작되는지를 언급했다.

제6부는 부록으로, 평소에 골프를 하면서 궁금해하거나 잘못 알고 있는 상식들을 기록했다. 스트로크를 줄일 수 있는 10가지 비밀과 필드 레슨에 필요한 요점을 추렸다. 골프를 칠 때 필요한 스윙 열쇠와 골퍼라면 반드시 알고 있어야 할 룰을 25가지의 실제 상황에 빗대어 알기 쉽게 설명했다.

우리가 골프에 대한 많은 지식과 상식을 갖고 있으면서도 그것을 점수에 적절히 이용하지 못하는 것은 그것이 결국 스코어를 낮추는 데 별 도움이 되지 않기 때문이 아닐까? 안시현 프로가 어느 골프장에서 몇 타 차이로 우승을 하고, 타이거 우즈의 마스터 기록이 몇 타이고, 언제 새 혼마 드라이버가 나오는지에 대해서는 잘 알면서 정작 골프를 잘 치기 위한 상식은 많이 부족한 것 같다.

결국 싱글 골퍼(Single golfer)와 보기 골퍼(Bogey golfer)의 차이는 테크닉이 아니라 이러한 골프 지식의 부족에서 비롯된 것이라고 생각한다. 보기 골프를 칠 정도의 테크닉에 숏 게임만 조금 충실하여 퍼팅과 치핑에 주력하고, 위에 제시한 실용적인 골프 인식을 첨가해 게임에 활용한다면 일 년 내에 싱글이 되는 것도 그리 어려운 일은 아니라고 생각한다.

여기서 나는 최고의 천재 물리학자 아인슈타인의 명언을 빌리고자 한다. '우리가 직면하고 있는 중요한 문제들은 그 문제를 발생시킨 같은 수준의 사고로는 해결할 수 없다.' 다시 말해 '지금 자신에게 주어진 핸디캡(현재 직면한 문제)은 그 핸디캡을 만들어 낸 멘탈(지금의 내 생각)로는 결코 떨어뜨릴 수 없다'는 말이다. 즉 현재의 생각에서 벗어나 새로운 패러다임으로 게임에 도전하려는 자세를 갖고 새로운 개념을 터득해야만 비로소 자신의 핸디를 떨어뜨릴 수 있다는 것이다.

게임 인식

1. 골프는 서양의 요가?

마음을 비움으로써 일관성 있는 스윙을 개발하는 훈련

20여 년 동안 골프를 배워 오면서 내린 결론이 있다. 그것은 골프가 운동보다는 오히려 요가(Yoga)에 가깝다는 점이다. 어느 정도 운동 신경이 있고 골프에 관심이 있다면 6개월 정도만 열심히 해도 대충 좋은 스윙을 만들 수 있다.

숏 게임에 필요한 피칭(Pitching)이나 치핑(Chipping)에 신경을 쓰고 골프 서적을 보면 아주 상세하게 설명되어 있다. 또한 일주일에 1~2회 정도 연습장에 나가 연습을 해도 몇 개월 내에 기술을 습득할 수 있다. 퍼팅(Putting)도 마찬가지다. 틈이 날 때마다 라운딩을

그림 1. 골프는 운동보다는 오히려 요가(Yoga)에 가깝다. 어느 정도 운동 신경이 있고 골프에 관심이 있다면 6개월 정도만 열심히 해도 대충 좋은 스윙을 만들 수 있다.

시작하기 전에 긴 퍼팅, 중간 퍼팅, 짧은 퍼팅으로 나누어 연습하고, 가끔씩 집 안의 카펫 위에서도 연습한다면 짧은 시간 내에 수준을 높일 수 있다. 그러나 이러한 것들이 모두 준비되어 있다고 해서 금새 싱글 디짓(Single Digit) 골퍼가 될 수 있다고 생각하는 사람은 별로 없을 것이다.

얼마 전 필자에게 레슨을 받고 있는 보기 골퍼 한 분과 대화를 나누게 되었다. 그분은 토너먼트 며칠 전에 같은 코스를 답사하면서 생전 처음 84타로 최고의 점수를 기록해 내심 많은 기대를 갖고 토너먼트에 임했다고 한다. 그런데 그렇게 잘 나가던 중 두 홀에서 더블 파(Double Par)를 치면서 자신감을 잃어 결국 어떻게 끝냈는지도 모르게 라운딩을 마쳤다고 했다. 결국 96타로, 같은 코스에서 며칠 전보다 무려 12타나 더 못 쳤다며 참으로 믿을 수 없는 것이 골프 스윙이라는 표정을 지었다. 불과 이틀 사이에 같은 홀에서 버디(Birdie)와 더블 파로 그야말로 천당과 지옥(?) 사이를 다녀온 것이다. 왜 타이거 우즈가 브리티시 오픈(The British Open)에서 81타를 쳤는지 알 것 같다고 하던 그분의 말이 기억난다.

5분의 활용

농구 · 축구 · 탁구 등의 구기 종목은 반사 신경을 이용하여 그때그때 순발력을 발휘해 그동안 연습했던 동작을 자연스럽게 만들 수 있지만 골프는 한 번 스윙할 때마다 4~5분 정도가 소요된다. 그렇기 때문에 평소에 연습했던 샷을 잘 만들 수 있는 시간적 여유가 많음에도 불구하고 번번이 원치 않은 샷을 구사하게 될 때가 많다. 필자는 골퍼들의 문제점이 바로 그 몇 분을 잘 이용하지 못하는 데 있다고 본다. 대부분의 골퍼들은 그 시간에 아무 생각 없이 잡담을 하면서 자신의 차례를 기다리거나 동료와 함께 긍정적인 생각보다는 부정적인 생각을 하면서 시간을 보내는 경우가 많다. "오늘 컨디션이 좋지 않은지 세컨드 샷이 자꾸만 훅이 나네.", "몇 홀 안 돌았는데 왜 자꾸 드라이버가 슬라이스 나지?", "퍼팅 그린이 왜 이렇게 느린 거야, 계속 쓰리 퍼터잖아." 등등. 이처럼 무의식적으로 자신이 지금 못하는 이유를 상대방에게 열심히 정당화하고 변명하기에 바쁘다. 그 짧은 시간 동안 동료 골퍼에게 들은 어설픈 테크닉도 이런 문제에 한몫 한다.

내적 평화와 스윙

그렇다면 어떻게 해야 이 귀한 몇 분을 유용하게 사용할 수 있을까. 필자가 여러 명의 골프 초년생들을 가르치면서 귀가 따갑도록 해 온 이야기가 있다. 바로 골프를 잘하려면 기술보다 마음이 편해야 한다는 사실이다. 비록 기술이 모자랄지라도 연습 스윙을 할 때처럼 아무런 스트레스를 받지 않고 마음이 동요하지 않는 상태에서 스윙한다면 그 골퍼가 발휘할 수 있는 최고의 능력으로 공을 칠 확률이 그만큼 높아진다는 것이다. 필자는 골프를 잘할 수 있는 비결이 바로 여기에 있다고 본다. 그러기 위해서는 어떠한 상황에서라도 '마음의 평화(Inner Peace)'가 절정인 상태에서 스윙하는 방법을 터득해야 한다고 생각한다.

마음을 비우는 훈련

드라이버를 잘 치기 위해 연습장에서 많은 시간을 할애하듯 마음의 연습도 해야 한다. 이를 위해 아래와 같은 방법을 권한다. 그동안 많이 들어온 '마음을 비우는 연습'을 하려면 첫째, 한 샷 한 샷 치기 전에 스윙 결과에 연연하지 말고 어떻게 해서 그런 결과가 나왔는지를 분석하는 훈련을 쌓아야 한다. 예를 들어 8번이나 9번

그림 2. 드라이버를 잘 치기 위해 연습장에서 많은 시간을 할애하듯 마음의 연습도 해야 한다.

클럽 가운데 어떤 것을 사용할지 결정짓지 못하다가 9번으로 스윙했는데 공이 퍼팅 그린 앞에 떨어졌을 경우 왜 그런 현상이 일어났는지를 연구하는 습관을 키우는 것이다. 즉 맞바람이 불어서 공이 짧게 떨어졌는지, 공이 맞지 않아서 그렇게 됐는지, 거리를 잘못 계산해서 짧았는지, 클럽의 거리를 잘 몰라서 그랬는지를 생각하여 다음에 비슷한 상황에 처했을 때 대비하는 마음가짐이 필요하다.

둘째, 비록 스윙한 다음 공이 벙커(Bunker)나 해저드(Hazard)에 빠져 혼란스럽더라도 빨리 생각을 정리하여 잘못 친 이유를 반복해서 분석하는 훈련이 필요하다.

슬라이스를 잡기 위해 연습장에서 몇 시간씩 공을 치듯 멘탈 훈련도 반복적으로 하는 것이 굉장히 중요하다. 많은 골퍼들이 이 두 번째 단계에서 넘어지고 만다. 한두 번 해 보고 마음대로 되지 않으면 그냥 포기해 버리기 때문이다.

마지막으로 스윙 결과에 대한 집착을 없애는 노력을 꾸준히 해야 한다. 그러면 결과보다 과정에 충실함으로써 무리한 스윙을 자제할 수 있게 되어 실수를 줄일 수 있다. 예를 들어 100야드에서 반드시 공을 붙여 버디를 잡겠다고 스스로 지나치게 정신적 압박을 가하면 몸이 그만큼 굳어지고 자연스러운 스윙이 나오지 않는다. 그러면 공도 그린에 오르지 않고 버디는커녕 파를 하기도 힘들어진다.

이 세 가지 방법을 잘 인식하고 꾸준한 훈련을 할 때 자신의 마음을 다스리고 스윙으로부터 자유로워질 수 있다.

순리에 따른 골프

골프는 참 재미있는 운동인 것 같다. 같은 극의 지남철을 억지로 가까이하려면 할수록 멀어지듯이 스코어에 지나치게 연연하거나 잘 치려고 집착할수록 골프도 우리에게서 멀어진다. 그러나 결과에 대한 기대를 접어 두고 편안한 마음으로 스윙하면 다른 극의 지남철이 서로 자연스럽게 끌어당기듯 좋은 샷이 나오고, 파를 하는 데 전혀 힘이 들지 않는다. 그러나 그렇게 하기 위해서는 마음을 다스릴 수 있는 여유와 그것을 위한 반복적인 훈련이 병행되어야 한다. 그래서 골프는 운동이라기보다는 서양의 요가나 명상(Meditation)에 비할 만하다.

2. 멘탈 핸디캡과 컴포트 존

> "인간은 할 수 있다는 사람, 하지 않겠다는 사람, 할 수 없다는 사람 세 가지 부류가 있다. 가능하다는 이들은 모든 것을 성취하고, 하지 않겠다는 이들은 모든 일에 반대하는 데 급급하고, 할 수 없다는 이들은 어떤 일에도 도전하지 않는다."
>
> 라디 맥도월(Laddy McDowell)

안주하고 싶은 나의 핸디캡

한평생 살아가는 동안 우리에게는 수많은 변화가 찾아온다. 오랫동안 다니던 교회에서 새 교회로 옮긴다든가 10년 넘게 다니던 직장을 옮기거나 새로운 컴퓨터가 나올 때마다 새롭게 바뀌는 기술력에 빨리 적응해야 하는 등. 그러나 모두 그런 것은 아니지만 많은 사람들이 새로운 환경에 재빨리 적응하지 못하는 듯하다. 지금까지 다니던 교회가 좋고, 새로운 직장보다는 얼굴을 다 알고 있는 직장 동료들과 하루를 보내는 것이 더 편하며, 새 컴퓨터의 새로운 기술을 배우는 것보다 아는 것만 제대로 할 수 있으면 하는 것이 일반적인 바람이다. 이는 골프에 있어서도 예외는 아닌 것 같다. 골프를 어느 정도 하다 보면 어느새 자신에게 고정된 핸디캡(Handicap)이 생기고, 또 자신도 모르게 그 핸디에 안주하게 된다. 한번 그렇게 정착된 핸디는 여간해서 바뀌지 않고 그 자리에서 맴돌곤 한다. 이를 영어로 '컴포트 존(Comfort Zone)'이라 명할 수 있는데, 굳이 번역하자면 '지금 처한 내 핸디에 안주하고 싶은 마음'이라 할 수 있다. 예를 들어 대부분의 보기 골퍼들에게는 90이라는 점수가 무의식적으로 그의 컴포트 존이 되어 있다. 그래서 잘 치다가도 마지막 몇 홀에서 자신이 갖고 있는 핸디와 지나치게 차이가 나면 컴포트 존에 안주해 무의식적으로 정신이 산만해지면서 실수를 하게 된다. 그래서 마지막 홀을 끝낸 다음 점수를 보면 대충 90이란 점수에 맞춰져 있는 경우가 많다. 반대로 공을 못 친 날은 몇 홀을 남기고 모든 걸 포기하는 순간 스윙이 자연스러워지면서 좋은 스코어로 마지막을 장식하게 되어 마찬가지로 컴포트 존에 근접한 상태로 마치게 된다.

블랙홀(Black Hole)이 모든 사물을 잡아당기듯 골퍼들의 컴포트 존은 현재의 핸디에서 이탈하지 못하도록 우리의 마음을 잡아당기고 있다. 다시 말해 핸디는 육체적이기보다는 정신적인 면이 더 많은 비중을 차지하고 있다. 그래서 필자는 골프의 핸디는 '멘탈 핸디(Mental Handy)'라는 말을 학생들에게 수시로 상기해 주고 있다.

그림 3. 블랙홀(Black Hole)이 모든 사물을 잡아당기듯 골퍼들의 컴포트 존은 현재의 핸디에서 이탈하지 못하도록 우리의 마음을 잡아당기고 있다.

컴포트 존을 이용해 핸디를 낮추는 정신 훈련(Mental Exercise)

이처럼 핸디를 떨어뜨리기 위해서는 각 골퍼들의 컴포트 존이 낮아져야 가능하다. 필자는 아래에 나열한 방법을 사용하여 핸디를 낮추는 데 큰 도움을 받았다.

① 지금의 핸디에서 일단 3~4개 정도로 낮추어 자신의 컴포트 존을 정한다. 예를 들어 핸디가 18인 골퍼는 컴포트 존을 86이나 87에 둔다. 여기서 중요한 것은 무리하게 핸디를 내리지 말고 목표를 정해야 한다는 것이다. 평생 한두 번 정도밖에 84타를 쳐보지 못한 골퍼가 컴포트 존을 12개 이상으로 낮추면 본인 스스로도 불가능하다고 여기게 되어 컴포트 존이 무의미해진다. 그

러면 당연히 좋은 효과를 기대할 수 없다. 다이어트를 할 때 한 번에 20kg을 빼겠다고 덤비는 것보다 5kg씩 단계적으로 빼는 것이 성공 가능성이 높은 것과 같은 원리다.

② 매번 라운딩할 때 새로 설정한 핸디캡이 자신의 진정한 핸디라고 스스로 계속 상기할 필요가 있다. 일종의 자기 최면을 거는 것이다. 특히 몇 홀을 남겨 놓지 않은 상황에서 새로 정한 컴포트 존에 도달해 갈 때는 마음의 동요 없이 그 컴포트 존이 자신의 핸디라는 담담한 자세로 마지막 홀까지 차분하게 치려고 노력한다.

③ 마지막으로, 일단 이렇게 해서 자신의 컴포트 존이 스스로 정한 핸디까지 떨어지면 또다시 새로운 컴포트 존을 정해 계속해서 위의 2가지 단계를 반복하는 것이다. 여기서 다시 한번 주의할 점은 처음부터 목표를 지나치게 높게 잡지 말라는 것이다. 왜냐하면 컴포트 존은 자신이 자주 칠 수 있는 점수여야 하기 때문이다. 자신의 최고 기록보다는 못하지만 평상시 핸디보다는 나은 점수를 선택하는 것이 바람직하다.

3. 치명적인 샷(Critical Shot)

많은 골퍼들이 그렇듯이 필자 역시 골프를 시작하고 재미를 느끼기 시작하면서 라운딩을 할 때마다 예상치 못한 상황이 기다리고 있다는 사실을 알게 되었다. 어떤 날은 18홀이 너무 쉽게 풀려서 곧 싱글 문턱을 넘을 것 같기도 하다가 어떤 날은 정말 게임이 풀리지 않아 하루 종일 골프와 씨름하다 녹아웃 당한 적이 한두 번이 아니다.

그러던 어느 날, 골프를 잘해 보고 싶은 마음에 '스윙은 별 차이가 없는데 왜 핸디는 일관성 없이 상하 폭이 큰 차이가 나는지'를 분석해 보기로 했다. 그래서 라운딩을 끝낼 때마다 홀마다 기록한 자료를 바탕으로 마치 바둑을 둔 뒤 복귀하듯 매 샷을 좀 더 구체적으로 연구하는 습관을 들이기 시작했다. 이렇게 라운딩을 마치고 복습하는 과정을 여러 번 반복했다. 그 결과 골프를 잘하기 위해서는 18홀을 돌면서 거의 매번 반복되는 몇 번의 대형 사고(?)를 제거하거나 최대한 줄여야 핸디도 떨어지고 점수의 폭에도 일관성이 생긴다는 것을 알게 되었다.

그런 다음 '어떻게 해야 이런 더블 파나 트리플 보기(Triple Bogey)와 같은 큰 실수를 줄이고 실속 있는 골프를 할 수 있을까' 하고 생각하던 중 문득 이런 실수를 하게 만드는 공통적인 이유가 있음을 깨달았다. 이런 큰 실수는 주로 골퍼들이 첫 번째 미스 샷을 범한 뒤 그 다음 샷을 준비할 때 이성보다는 감정적으로 클럽을 설정하기 때문이었다. 전 타의 실수를 빨리 인정하고 한 타 손해 보았다는 느긋한 마음으로 지금의 좋지 않은 상황을 빠져나가려는 자세가 필요함에도 불구하고 많은 보기 골퍼들은 그 순간 이런 결정을 내릴 만한 정신적인 마음의 여유가 없다. 그 결과 한시라도 빨리 전 타의 실수를 만회하려는 급한 마음에 무리수를 둠으로써 더 큰 수렁으로 빠져 들어가는 것이다. 하지만 그 결과는 잘 알다시피 보기로 끝낼 수 있는 홀을 3개나 4개 오버로 마치게 된다.

그래서 필자는 실수한 첫 타 다음에 치는 샷을 어떠한 생각으로 클럽을 설정해 공략하느냐에 따라 보기냐, 트리플 보기냐가 결정된다고 생각하여 이 샷을 그 홀에서 가장 '치명적인 샷(Critical Shot)'이라고 이름붙였다. 또 한 가지 흥미로운 사실은, 골프는 실수를 미리 해야 점수를 만회할 기회가 많아진다는 것이다. 예를 들어 티 샷(Tee Shot)을 실수한 다음에는 파를 잡을 수 있다. 하지만 두 번째 샷을 실수하면 파는 엄두도 못 내고 잘해야 보기로 마무리하기 쉽

그림 4. 실수한 첫 타 다음에 치는 샷을 어떠한 생각으로 클럽을 설정해 공략하느냐에 따라 보기인지 트리플 보기인지가 결정된다.

다. 게다가 치핑이나 피칭 등 세 번째 샷이 생크(Shank)라도 난다면 그야말로 보기가 아닌 더블 이상의 점수를 바라보게 된다. 이처럼 첫 번째 샷에서 실수를 했다 해도 그보다 더 결정적인 타격을 주는 두 번째나 세 번째 샷에서 실수를 줄이는 데 최선을 다해야 한다. 확률 없는 샷은 금하는 것이 좋다.

결국 더블 이상의 대형 사고는 첫 단추를 잘못 꿰면 나머지 모든 단추들이 제자리를 찾지 못하는 원리와 같다. 첫 실수로 인해 두 번째 샷을 잘 선택하지 못하게 되고, 그 결과 이런 연속적인 실타를 범하게 되기 때문이다. 이런 실수를 미연에 방지하기 위해서는 첫 실수는 프로도 할 수 있다는 생각으로 마음의 여유를 갖고, 그 실타에 대한 대가로 벌점 1타를 인정하는 것이다. 그런 다음 그 첫 실수를 어떻게 나의 평소 실력으로 무리 없이 마무리지을 수 있을까를 연구하면 된다.

예를 들어 티 샷이 70야드 밖에 굴러가지 않았다 해도 다음 샷을 5번 아이언으로 쳐서 160야드 정도 안전하게 페어웨이에 떨어뜨리면 1타로 실수를 줄일 수 있다. 그런데 잃어버린 거리를 찾으려고 라이(Lie)가 좋지 않은 상태에서 3번 우드로 무리하게 스윙하여 또 한번 실수를 범하거나 슬라이스 또는 훅이 나서 OB를 자초하면 정신적으로도 타격을 받아 그 홀을 포기한 채 게임을 운영하게 된다. 그렇게 되면 비록 공이 퍼팅 그린에 올라왔어도 자포자기한 상태에서 서너 타의 퍼팅을 하게 되고, 이는 결국 트리플 이상의 스코어를 만들게 된다. 결국 주말 골퍼와 싱글 골퍼의 커다란 차이점 가운데 하나는 바로 이런 치명적인 샷을 어떻게 풀어 나가느냐 하는 것이다. 매도 미리 맞는 것이 좋다는 속담처럼 티 샷에 문제가 생겼다면 그 한 타를 만회하려는 집착보다는 어떻게 해서라도 그 상황에서 한 타 이상의 벌타는 먹지 않겠다는 생각을 하는 것이 중요하다. 특히 주말 골퍼들은 샷 자체가 성숙하지 않기 때문에 라이가 좋지 않은 상태에서 3번 우드의 샷은 티 샷의 실수를 만회한다기보다는 더욱더 구렁텅이에 빠지게 하는 결과를 만든다. 이때는 자신이 잘못 친 샷을 깨끗이 인정하고 일단 위험을 피한 다음 재정비해서 계획한 대로 홀을 공략하려는 마음가짐이 중요하다.

결국 골프를 잘하고 못한다고 하는 잣대를 또다른 각도에서 본다면 바로 이 크리티컬 샷을 관리하는 능력에 있다고 볼 수 있다.

특히 많은 골퍼들이 초반에 몇 홀을 파로 잘나가다가 한두 홀에서 이런 크리티컬 샷에 걸려 보기로 메울 수 있는 상황을 트리플 이상 치게 되면 그날 전체의 라운딩에 큰 타격을 주게 된다. 그 결과 그날의 점수가 자신의 핸디 주위에서 맴돌게 되는 경우가 많다. 그러므로 어느 홀에서든지 라운딩하면서 드라이버 샷을 실수했을 때 그 위기를 가장 빨리 모면하기 위해서는 이런 크리티컬한 샷을 예민하게 관찰하여 자신의 실력으로 공을 가장 안전하게 페어웨이에 떨어뜨릴 수 있는 클럽을 선택하는 것이 중요하다. 동시에 거기에 준한 스윙이 어떤 것인지를 잘 파악하여 경기에 임한다면 싱글 핸디 골퍼의 자질을 갖춘 성숙된 골퍼라 할 수 있다.

4. 득과 실(Reward and Risk)

남녀노소를 막론하고 우리는 늘 자신이 취한 행동에 대한 대가를 치르면서 인생을 살아가고 있다. 바르고 정직한 행동과 생각을 할 때는 그에 준한 좋은 결과가 기다리고 있다. 반대로 무성의하고 옳지 못한 발상으로 행동해도 역시 그에 상응하는 대가를 치르게 된다. 물론 골프의 세계에서도 이러한 삶의 법칙이 통한다는 것은 두말 할 것도 없다.

일단 필드에 나가 실전에 돌입하면 4~5시간의 긴 여정 속에 예측할 수 없는 상황들이 우리를 기다리고 있다. 4명의 골프 파트너가 매 홀을 시작할 때 티 샷은 동일하게 주어진 티 박스 안에서 시작되지만 세컨드 샷부터 홀 아웃까지는 서로간의 두뇌 플레이에 의해 실력이 판가름난다. 티 샷이 모두 좋지 않은 위치에 떨어졌을 때 그 상황을 어떻게 지혜롭게 넘기느냐에 따라 쉽게 보기로 막을 수도 있지만 더블이나 트리플 보기로 막을 수도 있다. 이렇게 되면 그동안 힘들게 쌓아 온 게임을 한순간에 망치게 된다. 18홀을 돌면서 한 샷을 줄여 버디를 하기 위해서는 골퍼가 갖고 있는 최고의 실력과 운이 동반되어야 한다. 그러나 보통 골퍼들은 18홀 가운데 단 한 번의 버디도 기대하기 힘들다. 그만큼 한 타를 줄이는 데는 엄청난 노력이 필요한 반면 한 타를 잃어버리기는 너무도 쉽다. 자그마한 실수로 눈 깜짝할 사이에 서너 타를 잃어버릴 수 있기 때문이다. 이처럼 모든 샷을 준비할 때 어떤 생각으로 어프로치하느냐에 따라 점수가 정해진다. 그렇기 때문에 그때그때 상황에 맞는 득과 실을 잘 계산하여 결정해야 불필요한 실타를 줄이고 핸디도 줄일 수 있다.

예를 들어 여기에 380야드짜리 오른쪽으로 휘어지는 짧은 파4홀이 있다고 가정해 보자(그림 5 참고). 이때 슬라이스성 드라이버를 치는 핸디 18 정도의 보기 골퍼라면 이 홀을 어떻게 공략해야 하는지 연구해 보자.

우선 가장 중요한 점은 티 샷이 물에 빠지면 안 된다는 것이다. 슬라이스성 구질의 골퍼는 여기서 방향을 어떻게 설정하는가에 따라 결과에 커다란 차이가 난다. 물론 평소보다 더 왼쪽을 겨냥하여 왼쪽 모래 거리보다는 짧은 클럽으로 공략해야 한다. 무조건 드라이버를 잡고 왼쪽으로 쳤을 때 다행히 물은 피했지만 모래로 들어간다면 그리 잘 친 티 샷이라고 할 수 없다. 이런 경우에는 3번 우드로 자신 있게 왼쪽을 보고 공략하는 것이 좋다. 우선 3번 우드

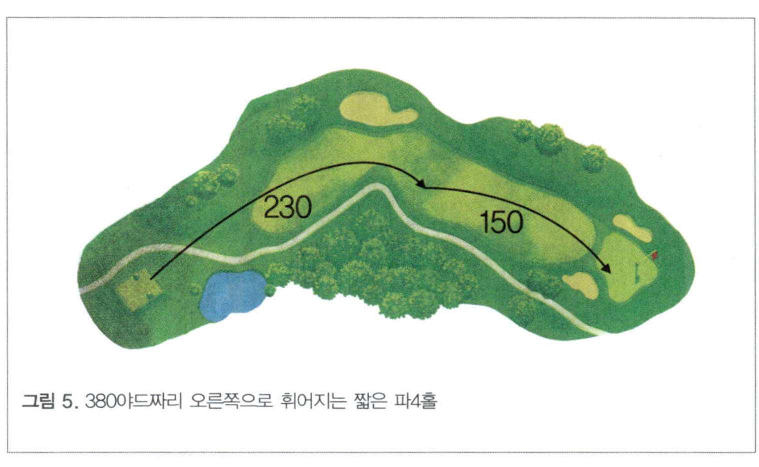

그림 5. 380야드짜리 오른쪽으로 휘어지는 짧은 파4홀

는 클럽 페이스의 각도가 드라이버보다 3~5도 정도 높아 백 스핀 (Back Spin)이 더 많이 생기면서 슬라이스도 어느 정도 방지해 준다. 일단 이렇게 티 샷이 무사히 페어웨이에 안착했으면 다음 샷은 어떻게 쳐야 할까. 그린 앞쪽으로 벙커가 많으므로 평소보다 한 클럽 더 잡아 공을 그린이나 그린 뒤쪽에 떨어뜨려 벙커를 피하는 샷을 구사해야 한다. 궁극적으로 이 상황에서 샷을 구사했을 때 벙커를 피할 수 있는 확률이 70% 이상 되는 클럽을 선택하는 것이 현명하면서도 안전한 결정이라 하겠다. 물론 평상시처럼 클럽을 잡고 쳐서 계획대로 공이 잘 맞아 그린에 떨어지면 좋겠지만 약간의 미스가 나서 공이 조금이라도 짧게 되면 벙커에 들어간다는 것을 알고 있어야 한다. 그러나 많은 아마추어 골퍼들은 이런 상황에서 무모하고 성급하게 일편단심으로 그린을 공략한다. 하지만 이런 무

모한 샷은 대부분 벙커에 떨어져 벙커 샷(Bunker Shot)이 서툰 골퍼들의 상황을 더욱 악화시킬 뿐이다. 그래서 쉽게 보기로 마무리할 수 있는 홀을 더블이나 트리플 이상으로 홀 아웃하게 되는 힘 빠지는 결과를 낳는 것이다.

결국 알아야 할 것은 트러블 샷(Trouble Shot)에 처했을 때 첫 번째 목표는 공격이 아니라 수비라는 것이다. 즉 궁지에 몰린 상황에서는 공격보다 수비에 최선을 다함으로써 지금 상황에서 가장 안전하게 문제를 피해 홀을 공략하는 것이 급선무다. 물론 운이 좋아 어려운 상황에서 공을 그린에 올릴 수도 있겠지만 대부분의 골퍼들은 프로가 아니기 때문에 무모한 샷보다는 안전한 길을 택하는 것이 현명하다. 또 한 가지 간과해서는 안 되는 것은 이런 모험은 성공에 대한 대가가 그만큼 크다는 것이다. 두 번째 샷으로 정교하게 그린에 올릴 가능성이 많지 않다면 샷이 잘 맞지 않았을 때 공이 어디에 떨어져야 하는지를 미리 계산하고 샷에 임해야 한다. 파5홀에서 티 샷이 러프(Rough)에 빠졌을 때 어차피 두 번째 샷으로 그린에 올리지 못할 상황이라면 세 번이나 네 번째에 그린에 올린다는 마음으로 안전하게 페어웨이로 공을 빼내야 한다는 것도 같은 논리다.

물리학자 아인슈타인 박사의 명언 가운데 재미있는 명언을 하나 소개하고자 한다. "무엇이든 가능하면 단순하게 만들라. 그러나 단순하지는 말라." 이 말은 어려운 문제를 잘 파악해서 간단 명료하게 만들되 문제의 핵심을 제대로 파악하지도 못한 채 그저 단순

그림 6. 트러블 샷(Trouble Shot)에 처했을 때 첫 번째 목표는 공격이 아니라 수비다.

하게 문제만 본다면 아주 엉뚱한 결과를 보게 된다는 말이다. 골퍼들에게도 살이 되는 말이라고 생각한다.

현재 공의 라이 상태, 바람이나 날씨 등 자연 조건, 목표물 주위의 장애물, 자신의 현재 컨디션, 클럽의 비거리 등 여러 가지 조건을 분석하고 정리하여 그 상황에 가장 적절하고 심플한 샷을 끌어낼 때 매 샷 득(得)을 극대화하고 실(失)을 극소화할 수 있다. 그러나 단순히 혹은 요행을 바라면서 하는 적당한 스윙은 화를 자초하여 실을 극대화하고 득을 극소화해 줄 뿐이다. 매 샷 득과 실을 감안하여 연구하는 습관을 키우는 골퍼야말로 시간을 허비하지 않고 좋은 스코어를 낼 수 있는 지혜로운 골퍼라 할 수 있다.

5. 골프는 확률 게임

필자는 시카고에서 이민 생활을 시작한 이유로 마이클 조던(Michael Jeffrey Jordan)이 소속되어 있는 시카고 불스(Chicago Bulls) 프로 농구팀의 팬이 되어 한 10여 년 동안 여름마다 결승 리그 재미에 푹 빠져 지낸 적이 있다. 시즌이 무르익고 그 해의 결승 리그가 끝나 가면 새로운 시즌을 위해 각 구단에서는 새로 올라오는 대학교 선수들 가운데 누가 가장 우수한 선수인지를 가려내려고 혈안이 된다. 그런데 그렇게 특출한 선수를 정하는 기준의 잣대로 확률(確率)을 이용한다. 예를 들어 매 시즌 공을 성공시킨 확률이 몇 %인지, 얼마나 많은 공을 어시스트했는지, 블록 샷은 게임당 평균 몇 번이나 했는지 등등 각 포지션에 필요한 요소를 확률로 계산한다. 그리하여 여러 후보 선수들 가운데 각 구단에서 내년 시즌에

그림 7. 핸디를 떨어뜨리기 위해서는 자신이 사용하는 클럽의 비거리와 방향을 잘 파악하고 그때그때 상황에 맞는 필요한 샷을 적절하게 구사할 줄 알아야 한다.

가장 도움이 필요한 부분에 적합한 선수를 선발한다.

마찬가지로 주말 골퍼들의 핸디도 결국 드라이버 샷의 페어웨이 성공률이 몇 %인지, 세컨드 샷이 퍼팅 그린에 착지하는 확률이 몇 %인지, 피칭으로 얼마나 파를 세이브하는지, 18홀을 돌면서 퍼팅은 몇 번이나 하는지 등등의 확률이 조합된 결과로 골프 실력(핸디캡)을 평가하게 된다. 그러므로 핸디를 떨어뜨리기 위해서는 앞에서도 언급했듯이 자신이 사용하는 클럽의 비거리와 방향을 잘 파악하고 그때그때 상황에 맞는 필요한 샷을 적절하게 구사할 줄 알아야 한다. 물론 18홀을 돌다 보면 한두 홀 정도는 공이 스프링클러 헤드에 맞아 비거리가 더 날 수도 있고, 돌에 맞아 불행히 OB가 날 수도 있다. 하지만 이 또한 18홀을 기준으로 보면 좋고 나쁜 상황이 적당히 50대 50으로 섞여 점수에 그다지 큰 영향을 미치지 않는다. 핸디는 이런 모든 상황에 입각하여 18홀을 모두 마친 뒤의 성적을 대표한다. 그렇기 때문에 골퍼의 모든 기량을 통계적으로 함축하여 골퍼의 현재 수준을 정하는 잣대라고 할 수 있다.

확률 골프로 핸디 떨어뜨리기

보통 주말 골퍼들이 라운딩을 하면서 퍼팅과 숏 게임 외 풀 스윙(Full Swing)한 횟수를 세어 보면 40~60회 정도 되는데, 그중 골퍼가 원하는 정타(Best Shot)는 불과 10% 미만인 경우가 많다. 나머지는 대개 스윗 스폿(Sweet Spot)을 실수한 샷으로, 정타보다 5~10야드씩 거리가 짧다. 물론 18홀을 돌면서 그 10%밖에 정타를 치지 못한 골퍼가 90%의 정타를 친다고 가정한다면 그만큼 확률이 높아지겠지만 실질적으로 스윙이 바뀌지 않은 상태에서 그렇게 되는 경우는 거의 없다고 보면 된다. 다시 말해 평상시 골퍼들의 샷 가운데 90%는 자신의 최대 비거리보다 항상 짧다는 말이다. 많은 하이 핸디 골퍼들의 세컨드 샷이 그린 앞쪽에 떨어지는 큰 이유 가운데 하나가 바로 여기에 있다. 그렇다면 어떻게 해야 지금의 스윙 실력으로 핸디를 떨어뜨릴 수 있을까? 지금부터 몇 가지 방법을 제시하겠다.

샷이 잘 맞지 않을 때는 확률을 미리 계산하여 클럽을 설정한다. 예를 들어 5번 아이언의 비거리가 160야드인데 잘 맞출 확률이

10%밖에 안 된다면 열에 아홉은 잘 맞지 않아 150야드 정도밖에 나가지 않는다는 걸 계산하여 미리 클럽을 하나 더 잡는다.

자신의 평균 샷의 흐름을 잘 이용하여 코스 매니지먼트를 통해 페어웨이에 착지할 확률이 높은 티 샷을 선택하는 방법을 연구한다. 즉 드라이버가 80% 이상 슬라이스가 나는 골퍼는 페어웨이의 왼쪽을 보고 쳐주므로 페어웨이 폭을 100% 이용하도록 유도한다. 이렇게 함으로써 두 번째 샷을 페어웨이에서 칠 수 있는 기회를 더 많이 만들 수 있다. 또 두 번째 샷이 쉬워져 그린에 올라갈 확률도 높아진다.

공이 숲 속에 빠져 공을 빼내야 할 경우에는 공격적인 스윙보다는 방어적인 스윙을 해야 한다. 어차피 공을 두 번에 올리지 못할 경우에는 무리하게 공을 빼내려 하지 말고, 거리를 손해보더라도 일단 안전하게 페어웨이로 빼낼 수 있는 확률이 높은 클럽을 선택한다.

자신의 스윙을 연구하여 잘못된 점을 교정한다. 바른 스윙은 정타를 칠 확률을 높여서 정석인 샷(Regulation Shot)*이 되어 공이 퍼팅 그린에 용이하게 착지할 확률을 높여 준다. 그렇게 되면 벌타나 트러블 샷, 칩 샷 등을 피하게 되어 불필요한 타수를 줄임으로써

---

* 정석인 샷(Regulation Shot) : 매 홀을 공략할 때 파를 하기 위해 필요한 최소타를 일컫는다. 예를 들면 파4에서는 두 번 만에 공을 퍼팅 그린에 올려야 정상적으로 파를 할 수 있다고 본다. 파4에서의 레귤레이션 플레이는 두 번에 공을 올리는 것이고, 파3에서는 첫 타가, 그리고 파5홀에서는 세 번째 샷이 레귤레이션 샷이 된다.

그림 8. 라운딩 시작에서부터 끝까지를 인생의 여정이라고 볼 때 선택해야 할 일들이 너무나 많다.

핸디를 떨어뜨릴 수 있다.

확률을 높여 주는 바른 선택

인간은 다른 동물과 달리 스스로 생각할 수 있기 때문에 모든 일을 선택하는 능력이 있다. 올바른 선택은 자신뿐만 아니라 주위 사람들에게까지 좋은 영향을 미쳐 삶을 더욱 윤택하고 진보하게 해 준다. 반대로 잘못된 결정은 모든 일을 꼬이게 하고 삶의 균형을 잃게 하여 불안정한 삶을 살게 만든다. 골프도 이와 별로 다를 것이 없다. 라운딩 시작에서부터 끝까지를 인생의 여정이라고 볼 때 선택해야 할 일들이 너무나 많다. 라운딩 시작 전에 미리 몸을 풀고 준비할 것인가 말 것인가를 선택해야 하고, 거리를 의식한 무리한 스윙과 방향을 의식한 편안한 스윙의 하나를 선택해야 하며, 매홀을 공략할 때마다 막연한 감각에 의지해서 칠 것인지 철저한 준비와 계획에 의해 확률을 높이는 골프를 할 것인지 등을 끊임없이 선택해야 한다. 결국 이렇게 좋고 나쁜 선택 결과에 의해 자신의 실력과 핸디가 판가름나는 것이다.

6. 골프는 우리를 겸손하게 만든다

인간은 태어나면서부터 잘난 척하기 좋아하는 동물임에 틀림없는 것 같다. 윤리 시간에 잘난 척하라고 가르친 적도 없고, 오히려 성인들은 우리에게 항상 겸손해지라고 강조했지만 우리는 어디서 배웠는지 남녀노소를 막론하고 무엇이든 조금만 잘한 듯싶으면 폼 잡기를 좋아하고 으스대길 좋아한다. 그래서 성경에는 '높아지고 싶을수록 나 자신을 낮추라' 는 구절이 있고, 우리나라 속담에도 '벼는 익을수록 고개를 숙인다' 는 말이 있다. 이와 같은 맥락에서 골프라는 운동도 예외는 아닌 것 같다. 그저 조금만 드라이브의 비거리가 많이 나가면 폼 잡고 떠들어대기 일쑤요, 싱글 점수 한 번만 만들어도 금세 싱글이 된 양 두 어깨에 힘이 들어가서는 잘난

그림 9. 골프는 사람을 겸손하게 만드는 운동이다. 마음을 낮추고 겸손하게 게임에 임할 때야말로 이기심과 욕심에 가득 찬 골프를 이길 수 있다.

척하기 바쁘다. 남들은 그렇게 어렵다고 하는데 자신에게만큼은 그리 힘들어 보이지도 않고 금세 세미 프로도 될 수 있을 것 같은 착각을 하는 경우도 많다.

어느 날 토머스란 다혈질의 골퍼가 최악의 라운딩을 마친 뒤 화가 머리끝까지 나서 화장실에 들어가 팔뚝에 칼을 그어 자살을 기도했다. 그때 토머스의 골프 파트너가 문을 두드리면서 "토머스! 내일 골프를 하려고 하는데 시간 낼 수 있겠어?"라고 물었다. 그러자 피가 나는 팔을 얼른 다른 팔로 꼭 누르며 토머스가 대답했다. "몇 시에?"

우리는 가끔 남몰래 열심히 연습한 뒤 동료 회원들을 깜짝 놀래주려는 부푼 마음으로 토너먼트에 가는 경우가 있다. 그러나 마음과는 달리 온종일 실력 발휘 한번 제대로 못하고 18홀을 좌양좌 우양우 대가다가 마지막 홀에서야 그동안 갈고 닦은 멋진 티 샷을 친다. 화도 나고 허탈하기도 하지만 가뭄에 빗방울이라도 만난 듯 그 마지막 샷 하나가 희망을 주어 또다시 골프장을 찾게 된다.

옛말에 열 길 물속은 알아도 한 길 사람 속은 모른다고 했지만 골프야말로 정말 오묘하고 불가사의하기 그지없다. 확실히 잡은 것 같은데 보면 어느새 사라져 버렸고, 모두 잃어버린 것 같지만 돌아보면 다시 손안에 있곤 하니 말이다. 그래서 골프는 사람을 겸손하게 만드는 운동인 것 같다. 믿는 사람 입장에서는 바로 이 골프야말로 창조주가 가장 좋아하시는 운동이 아닐까라는 생각도 든다. 누구도 항상 교만할 수 없게 만들어졌기에 현재 가장 골프를 잘 친다는 타이거 우즈도 매 샷 어떤 결과가 나올지를 장담하지 못한다. 아무리 짧은 파3홀이라도 방심할 수 없고, 아무리 가까운 펏도 홀 아웃이 보장되지 않는다. 간혹 공이 잘 맞는다고 우쭐대다가 한 번의 생크로 OB가 나면 그때까지의 자존심은 여지없이 무너진다. 그러다가 다시 조심조심 마음을 비우고 게임에 열중하면 달아났던 드라이버 샷이 언제 그랬냐는 듯 다시 주인을 찾아와 놀래 주기도 한다.

결국 골퍼의 생각이 매 샷을 결정한다. 그렇기 때문에 마음을 낮추고 겸손하게 게임에 임할 때야말로 이기심과 욕심에 가득 찬 골프를 이길 수 있다. 이렇게 골프는 우리에게 어떤 상황에서도 끊임없이 겸손하라고 가르친다.

7. 비거리 콤플렉스

"와, 장타다!", "티 샷이 무려 300야드나 나갔어!", "150야드에서 8번 아이언을 잡았는데 공이 훌쩍 그린을 지나갔어." 등등 골퍼들 사이에서 흔히 듣는 대화 내용이다. 이렇듯 18홀을 돌면서 숏 게임을 제외한 나머지 샷들은 그 샷의 정확성보다는 비거리에 더 관심을 갖는다. 그동안 필자에게 가르침을 받은 많은 학생들과 동료 골퍼들만 보더라도 대다수가 거리에 대한 애착을 쉽게 포기하지 못한다. 공을 남보다 멀리 보낼 수 있다는 통쾌감과 마초이즘(Machoism)이 말초 신경을 더욱 자극한다. 골퍼들의 이러한 특성을 잘 알고 있는 골프채 제조 업체들 역시 매스미디어를 이용해 비거리에 대한 집중적인 광고를 통해 골퍼들을 더욱 자극한다. 그러나 우리가 이렇게 선호하는 비거리지만 야구에서의 홈런이 곧바로 점수를 내는 데 비해 골프에서의 장타는 점수에 그리 큰 도움을

그림 10. 야구에서 홈런이 곧바로 점수를 내는 데 비해 골프에서의 장타는 점수에 큰 도움을 주지 못한다.

주지 못한다. 더욱이 공이 페어웨이에 착지하지 못한다면 도움은 커녕 오히려 점수에 해를 끼칠 수도 있음을 간과해서는 안 된다.

1996년 8월호 《골프 매거진(Golf Magazine)》에 골프 리서치 회사의 사장인 피터 샌더스(Peter Sanders)가 〈비거리와 정확성(Distance vs. Accuracy)〉이라는 제목으로 흥미로운 연구 결과를 발표했다. 평소 필자의 생각을 증명해 준 보고서라 수집해 두었는데, 독자들에게 필요할 것 같아 정리해 보았다.

먼저 이 보고서는 티 샷의 정확도와 비거리가 골프 성적과 어떤 관계를 형성하고 있는지를 조사한 결과다. 짧더라도 페어웨이에 떨어진 공이나, 더 멀리 날아갔지만 러프에 떨어진 공은 점수에 별 차이가 없다고 했다. 예를 들어 보기 골퍼가 티 샷을 160야드 페어웨이에 보낸 것이나 180야드 제1러프에 보낸 것이나, 200야드 제2

러프에 보낸 샷은 같은 결과를 가져온다는 것이다.

두 번째로 이 보고서에서는 PGA 현역 선수들 가운데 최고 장타자인 존 댈리(John Daly, 289야드)와 평균타를 치는 폴 에이징거(Paul Azinger, 265야드), 드라이버 비거리가 가장 짧은 코리 페이빈(Corey Pavin , 255야드)을 선택해 티 샷 비거리에 정확도를 떨어뜨리지 않으면서 10야드를 늘렸을 경우 스코어가 얼마나 떨어지는지를 연구했다. 결과는 과연 몇 점이나 떨어졌을까? 내심 그래도 몇 점은 떨어졌을 것이라 생각했는데, 그 보고서는 놀랍게도 18홀당 평균 0.39타(데일리), 0.57타(에징거), 0.47타(페이빈)밖에 줄일 수 없었다고 했다. 보기 골퍼와 스크래치 골퍼(Scratch Golfer : 핸디캡이 0인 골퍼)들도 평균 0.5타밖에 줄일 수 없었다고 한다. 한 홀도 아니고 매 홀 정확도를 떨어뜨리지 않고 10야드의 비거리를 더 받았음에도 불구하고 18홀을 돌면서 고작 반 타밖에 점수를 줄일 수 없었다는 보고서는 시사하는 바가 크다.

연구 결과에 의하면, 보기 골퍼의 공이 제1러프에 떨어졌을 때마다 0.1타의 벌타를 받고, 제2러프에서는 0.25타의 벌타를 받았다고 한다. 스크래치 골퍼의 경우에는 제1러프에서 0.14타, 제2러프에서는 0.32로 더 큰 영향을 받는다고 기록하고 있다. 다시 말해서 스크래치 골퍼의 비거리가 10야드 늘어난 덕분에 4회의 라운딩을 한다면 2점을 줄일 수 있는데, 만약 이 4회의 라운딩 가운데 한 번의 OB를 낸다면 그 점수는 없어진다고 한다. 결국 정확성이 결여되는 장타는 득보다 실이 많다는 것을 과학적인 실험을 통해 얻은 중요한 자료다.

삶이라는 긴 여정의 고속도로에서 우리는 믿음의 자동차를 타고 먼 여행을 하고 있다. 수많은 문제들이 유리창을 두드릴 때마다 열심히 와이퍼를 돌려 대며 문제를 풀어 간다. 그러다 간혹 다른 데에 정신이 팔려, 봐야 할 이정표를 놓쳐 길을 헤매고 시간을 허비하기도 한다. 그러나 정작 알고 지켜야 할 핵심은 보지 못하면서 우회하는 삶을 산다면 반드시 필요한 경우에는 기운이 빠져 힘 한 번 제대로 써 보지 못하고 고달픈 삶을 살게 된다. 이처럼 골프라는 운동을 하면서 우리는 매 라운딩, 매 홀, 그리고 매 샷마다 항상 새로운 문제에 직면한다. 이럴 때는 그때그때 주어진 상황에 가장 적합한 선택을 해 문제를 풀면서 앞으로 나아가야 한다. 궁극적으로 현재 자신의 위치에서 자신의 실력을 감안해 무리하지 않고 안전하게 목표물을 찾아갈 수 있는 방법을 연구해야 한다는 것이다. 그렇게 하려면 가장 먼저 비거리의 유혹에서 벗어나야 한다. 매순간 집요하게, 그리고 무의식적으로 찾아오는 비거리에 대한 욕심은 골퍼에게 전혀 도움이 되지 않는다. 물론 비거리를 잘 이용하면 성적에 큰 도움이 될 수도 있지만 맹목적으로 그저 멀리 보내려고만 하는 막연한 욕망은 오히려 걸림돌이 된다.

8.동전의 양면성

일상생활 속에서 우리는 동전의 양면성을 잘 알고 있으면서도 간과할 때가 많다. 얼마 전 새로 이사한 집에 들어가려면 큰길에서 우회전을 해야 하는데 앞에 있는 차들이 너무 오른쪽으로 서 있어서 갓길로 우회전하기가 힘들 때가 있다. 그럴 때마다 속으로 '아니 저 사람들 정말 매너 없네, 뒤에서 우회전하는 사람들을 생각해야지. 차를 조금만 왼쪽으로 대면 오죽 좋아' 라며 답답했던 적이 한두 번이 아니다. 그뿐만이 아니다. 스톱 사인이 있는 길이 가까워져서 브레이크를 밟으면서 천천히 속도를 줄이고 있는데 어떤 차가 잠시 정지하는 듯하더니 그냥 내빼는 것을 본 적도 있다. 그러면 '저러다 사고라도 나면 어쩌려고 스톱 사인을 무시한 채 그냥 달리지?' 하고 흥분하게 된다. 그런데 한번은 나도 동네 경찰에게 걸려 티켓을 받은 적이 있다. 동네 도로에서 우회전을 할 때 완전히 3초 이상 정지하지 않았다고 했다. 그 순간 문득 스톱 사인 판을 적당히 지키고 그냥 지나간 운전자를 못마땅하게 여겼던 생각이 났다. 결국 인간은 언제나 모든 것을 자기 입장에서만 바라보고 생각하며 살아가고 있는 것이 아닐까.

골퍼와 골프장의 관점 차이

골프장을 이용하는 우리의 태도도 그와 다를 게 없다. 우리는 항상 자신의 입장에서 골프를 어떻게 칠 것인지에만 신경을 쓴다. 하나의 골프장을 완성하기 위해 설계팀이 많은 시간을 들이고 돈을 투자해 벙커도 놓고 여기저기 연못도 두고 OB 홀도 몇 개씩 만들고 그린의 경사와 크기도 홀의 상황에 맞게 만들어 놓았지만 대부분의 골퍼들은 그런 것을 살펴볼 여유가 없다. 그저 '새로 산 혼마 드라이버로 오늘은 파트너를 깜짝 놀라게 해 주어야지' 라는 비거리의 유혹에 빠져 자기 생각대로 홀을 공략하기에 바쁘다. 그러다 보니 결국 골프장을 이길 재간이 없어 이 홀에서는 슬라이스가 나서 세컨드 샷을 제대로 치지 못하고, 저 홀에서는 OB로 벌타를 먹는다. 드라이버를 운 좋게 잘 쳤다 싶으면 세컨드 샷을 홀 주위 벙커에 덜커덩 집어넣어 서너 타를 치며 헤맨다. 그렇게 해서 힘겹게 퍼팅 그린에 올라온다 해도 이제는 더 이상 그린과 싸울 여력이 없어 대충 2타면 족할 것을 3타, 4타 포기한 채 막 써 버린다. 지난 몇 홀에서 정말 운이 좋아 평소보다 좋은 기록을 내면서 왔건만 이 한 홀에서 어퍼컷을 맞고 다운되면 마지막 남은 홀들은 어떻게 끝냈는지도 모르게 라운딩을 마치게 된다. 이 때문에 스트레스를 풀려고 갔다가 되려 스트레스를 받고 나온다는 말이 생긴 것이다. 이는 모두 골프를 자신의 입장에서만 보고 치려 해서 나오는 결과다. 이제부터는 골프장을 설계한 입장에서 어떻게 쳐야 하는가를 한번 생각해 보기로 하자.

한 홀 한 홀 공략하기에 앞서 그 홀이 쉬운 홀인지 어려운 홀인지를 먼저 판단해야 한다. 그리고 쉽다면 무엇 때문에 쉬운지, 반대로 어렵다면 무엇 때문에 어려운지를 알아야만 공략하는 데 도움이 된다. 골프장 카드를 보면 매 홀마다 핸디캡이 적혀 있다. 한 골프장의 카드를 살펴보자.

[핸디캡 차트]

홀	1	2	3	4	5	6	7	8	9
챔피언 티	435	575	350	180	410	180	410	488	410
파	4	5	4	3	4	3	4	5	4
핸디캡	3	13	15	5	17	11	9	7	1

홀	10	11	12	13	14	15	16	17	18
챔피언 티	495	490	155	388	400	366	170	325	405
파	5	5	3	4	4	4	3	4	4
핸디캡	4	2	16	6	14	18	12	10	8

우선 대부분의 설계자들은 홀을 디자인할 때 프론트(Front) 9홀과 백(Back) 9홀로 구분하여 설계하는데, 프론트 9홀을 도는 것을 아웃 코스(Out Course)라 하고, 백 9홀을 인 코스(In Course)라 부르기도 한다. 그리고 가장 어려운 홀을 핸디캡 1로 정하고, 가장 쉬운 홀을 핸디캡 18로 정한다. 항상 그런 것은 아니지만 대부분의 골프장은 아웃 코스는 홀수의 핸디를 갖게 하고, 인 코스는 짝수의 핸디를 갖도록 균형 있게 설계되어 있다.

본론으로 돌아와, 이 골프장에서 첫 번째 홀은 3번째로 어려운 홀임을 알 수 있는데, 이때는 몸이 풀리지 않은 상태라 공략하기도 매우 힘들고 점수도 잘 나오기 어렵다. 그렇다면 어떻게 공략하는 것이 바른 공략법일까?

거리가 435야드나 되는 이 홀을 주말 골퍼들이 감히 파를 하겠다고 덤벼들었다가는 2~3개의 오버를 하기 십상이다. 이 홀은 핸디가 3 이하인 골퍼들만 파를 하고, 핸디가 4~21까지인 골퍼들은 보기를 하는 것이 정상이라고 스코어 카드가 암시해 주고 있다. 그렇기 때문에 당연히 대다수의 보기 골퍼들은 이 홀을 파5로 생각하고 공략해야 한다. 그런데 여기서 갑자기 그렇게 어려워 보이던 홀이 파5라고 생각하자 금세 쉬운 홀이 되어 버린 듯한 것을 느낄 것이다. 이제는 더 이상 두 번에 퍼팅 그린에 올리려고 애쓰지 않아도 된다는 말이다. 쉽게 세 번에 올려서 투 퍼트로 보기를 하면 되는 것이다.

실수를 줄이는 운동

그뿐만이 아니다. 18홀을 돌면서 어려운 상황에 부딪칠 때마다 우리는 거리의 유혹을 받게 된다. 이 사이로 넘기기만 하면 되는데 한 수 앞을 내다보지 못한 채 요행을 바라면서 홀을 공략해서는 안 된다. 그럴 때마다 지금 골프장과 환경이 내게 무엇을 요구하는지를 객관적으로 보고 판단하는 지혜와 열린 마음이 필요하다. 골프의 궁극적인 목표는 실수를 최소화하는 것이다. 18홀을 돌면서 누가 실수를 덜 했느냐가 결국 핸디를 결정한다. 최상의 공격이 수비이듯이 골프를 할 때는 항상 지금 내가 알고 있는 것 외에 또다른 복병이 숨어서 나의 실수를 기다리고 있지는 않은지를 살펴야 한다. 결국 싱글과 주말 골퍼의 커다란 차이점 가운데 하나는 바로 이런 어려운 상황에서 어떻게 대처하느냐에 있다. 자신의 입장에서만 보려 하지 말고 지금 처해 있는 환경과 공의 라이 상태, 보내야 할 거리와 골프장의 특성 등을 잘 고려해야 한다. 그리하여 상황에 가장 적합한 클럽을 설정하고 다음 샷을 위해 가장 안전하게 투자하는 여유와 냉철한 판단력을 갖춘다면 싱글의 문턱은 그리 높지 않을 것이다.

자아 인식

1. 템포란 무엇이며, 왜 그리 중요한가?

몇 년 전 오랜만에 옛친구를 만나 이런저런 세상 이야기를 하던 중 자연스럽게 화제가 골프로 돌아간 적이 있었다. 친구는 기다렸다는 듯이 자기는 골프를 시작한 지 얼마 안 되지만 꽤 자주 치는 편인데도 공들인 만큼 좀처럼 실력이 늘지 않는다며 한 가지 질문이 있다고 했다. 티칭 프로로서 라운딩할 때 무슨 생각을 가장 먼저하며, 또 그 많은 테크닉 가운데 무엇을 가장 중요하게 생각하느냐는 것이었다. 골프 테크닉에 관해서라면 며칠 밤을 새워도 모자랄 판인데 가장 중요한 것 하나만 꼭 집어 말해 달라니……. 조금은 엉뚱하면서도 막연한 질문에 어떻게 하면 간단히 핵심을 잡아 설명해 줄 수 있을까 잠시 망설였다.

사실 생각해 보면 수많은 주말 골퍼들이 18홀을 돌면서 몇 홀을 파를 유지하며 잘 쳐 나가다가도 3퍼트의 짧은 퍼트를 놓치거나 잘 친 공이 바운스가 좋지 않아 벙커에 빠지게 되면 지금까지의 좋던 리듬을 놓치고 만다. 게다가 다시 티 샷이 슬라이스가 나기 시작한다거나 핀트가 잘 맞지 않아 계속해서 보기나 더블 보기 행진을 하게 되면 화도 나고 맥도 빠진다. 그렇게 되면 도대체 싱글 핸디 골퍼나 프로 골퍼들은 어떻게 18홀을 돌면서 그 많은 샷을 꾸준히 원하는 방향으로 조정하면서 칠 수 있는지 의문을 갖게 된다. 한편으로는 부럽기도 하고 또 한편으로는 자신의 운동 신경이 이 정도밖에 되지 않는가 하며 한숨이 나오기도 한다. 그러면서 생각한다. 프로들은 그들 나름대로의 어떤 숨겨진 스윙 비밀이 있을 것이라고. 그래서 그 스윙의 숨겨진 비결을 찾고자 로우 싱글들의 이야기라면 두 귀를 쫑긋 세워 경청한다.

싱글 골퍼들의 꾸준한 스윙 비결

그렇다면 이제부터 그 비결이 무엇인지 생각해 보기로 하자. 수많은 주말 골퍼들은 많은 시간을 소비하면서 골프에 열중하지만 실력이 향상되는 속도가 더디고 스윙에도 일관성이 없다. 그 이유를 알기 위해 이들의 자세를 관찰해 보면 많은 원인을 스윙 템포(Swing Tempo)에서 찾을 수 있다. 템포(Tempo)라는 단어는 아마 많은 골퍼들에게 익숙할 것이다. 하지만 그 정의가 무엇이냐고 물어보면 대부분 우물쭈물한다. 알 것 같기도 한데 막상 그 단어의 정의를 내리려 하면 쉽게 설명되지 않는다. 무엇이라고 꼭 집어 설

그림 11. 나만의 스윙 템포를 개발하여 그 템포를 18홀 동안 유지한다.

명할 수는 없지만 대략 템포가 좋아야 골프를 잘할 수 있다는 말을 많이 들어와서 스윙에 있어 템포가 중요하다는 것을 알고 있을 뿐 이다.

웹스터(Webster) 사전을 보면 템포란 '악보의 속도 조절 또는 어떤 사물의 속도, 리듬' 이라고 되어 있다. 그러나 이것은 골프에서 말하는 템포와는 조금 거리가 있다. 좀 더 실제적으로 골프에서 사용되는 템포의 정의를 요약해 보면 이렇게 명할 수 있을 것이다.

'어떠한 테크닉이나 스윙 결과보다는 가장 잘 쳤던 날의 스윙 감각을 연상하면서 연습장에서처럼 전혀 스윙에 부담을 받지 않는 편안한 마음으로 클럽을 자연스럽게 휘두르는 행위.'

18홀을 돌면서 티 샷에서 퍼팅까지 매 샷 이런 편안함으로 같은 템포의 스윙을 할 수 있는 골퍼는 그리 흔치 않다. 바로 여기에 싱글의 비밀이 숨겨져 있다고 해도 된다. 이제부터 우리는 두 가지 문제를 풀어야만 템포를 내 것으로 만들 수 있다. 첫 번째는 나만의 스윙 템포를 개발하는 것이고, 두 번째는 그 템포를 18홀 동안 유지하는 것이다.

>> 첫 번째 비결 — 나만의 템포를 찾아라

본인에게 가장 적합한 스윙 템포는 피니시 자세를 2~3초 동안 유지할 수 있어야 한다. 주로 오버 스윙을 하는 골퍼들은 대개 팔과 손목으로 공을 때리는 스윙을 하여 임팩트 시 클럽 헤드가 공에 똑바로 맞지 않고 클럽이 열리거나 닫혀 공의 방향을 예측하기가 어렵다. 그러나 그렇게 오버 스윙을 하는 골퍼도 연습 스윙을 할 때 보면 큰 근육질의 몸으로 균형 잡힌 스윙을 하는 것을 볼 수 있다. 실례로 세컨드 샷 연습 스윙을 할 때는 공을 팻트(Fat)하게 쳐서 공 뒤쪽에 디봇(Divot)이 생기는 경우가 거의 없다는 것을 보면 알 수 있다. 다시 말해서 모든 스윙 시에 연습할 때처럼 온몸의 근육이 조화를 이루어 편안하게 휘둘렀을 때가 바로 자신에게 가장 적합한 템포라고 생각하면 된다. 결국 이렇게 온몸을 사용하여 균형 잡힌 스윙을 하게 되면 다운 스윙의 궤도가 임팩트 시 클럽을 셋업했던 원위치에서 만나게 되어 샷의 구질이 훨씬 정확해지고 일관성도 생긴다.

그동안 인생 선배들에게 귀가 따갑게 들었던 조언들이 삶에 적용되지 않고 그냥 조언 자체로 끝나는 경우가 많았다. 그런데 어느 순간 그 한 마디 한 마디가 귀중해지고 마음속 깊숙이 새겨지며 그것들을 행동으로 옮기게 될 때 우리는 철이 들었다고 한다.

골프 역시 예외는 아닌 것 같다. 아무리 좋고 새로운 테크닉이라 할지라도 준비되지 않은 골퍼에게는 그냥 좋은 이야기로 지나가 버릴 뿐이다. 템포의 중요성을 아무리 강조해도 그것의 심오함을 깨닫지 못한다면 그냥 템포라는 말 자체로 잊혀지게 된다. 일단 자신에게 맞는 바른 템포를 찾은 다음 어떠한 상황에서든 마음의 평정을 잃지 않고 일관적인 스윙을 구사하려고 노력할 때 바로 철이 들었다고 할 수 있다. 예를 들어 파3홀에서 파트너가 9번 아이언으로 그린에 올렸다고 하자. 이때 거리가 짧음에도 불구하고 상대방을 의식해 자신도 9번이나 8번 아이언으로 오버 스윙하는 것은 무리다. 이보다는 스스로 자제하여 7번 아이언으로 편안한 스윙을 할 수 있는 성숙함을 키워 나가는 것이 좋다.

필자는 운동의 대명사가 된 나이키(Nike) 사의 로고를 무척 좋아한다. "Just Do It" 그냥 행동으로 옮겨라! 싱글의 고지는 '일단 무엇을 하겠다고 마음먹었으면 머뭇거리거나 지체하지 않고 행동으로 옮길 수 있는 자, 숙달된 연습으로 준비된 자신감과 용기를 갖고 필드를 정복하고자 하는 자' 의 눈앞에 와 있다.

2. 긴장 해소 방법을 찾아라

한 스포츠 심리학 교수가 모든 분야에서 당시 세계 최고의 자리에 올라 있는 유명한 운동 선수들을 대상으로 그들의 일반적인 심리 상태와 어려운 상황에서 스트레스를 어떻게 푸는지를 조사한 책을 읽은 적이 있다. 그의 연구 결과에 의하면 아무리 최고의 운동 선수라 해도 일반 선수들과 마찬가지로 스트레스를 받으면 자신의 실력을 100% 발휘하지 못한다고 했다. 그러나 그들은 자신들만의 독특한 방법으로 긴장을 풀었다. 나름대로의 독특한 방법을 사용하여 순간순간의 스트레스를 풀어 짧은 시간 내에 다시 정상적인 자신의 컨디션을 지키면서 시합을 치른다고 했다.

그 대표적인 예로 1980년대 미국의 테니스 스타 존 맥겐로(John McEnroe)를 들 수 있다. 그는 게임을 운영하는 동안 가끔씩 자신에게 내려지는 불리한 판정에 대해 심판과 다투면서 스트레스를 푸는 선수로 유명하다. 보통 선수들은 그런 감정 표현이 오히려 자신의 정신력을 분산시켜 게임에 집중하지 못하게 만드는 경우가 많은데, 그는 트집거리가 생길 때마다 의도적으로 심판에게 심한 소리를 해 대며 순간순간 다가오는 스트레스를 풀었다.

또한 지난 70~80년대 매치 골프의 황제였던 리 트레비노(Lee Trevino)는 젊었을 때 지갑에 몇 푼 없는 상황에서 몇백 달러짜리 내기 시합을 하는 것이 상당한 스트레스였다고 한다. 하지만 그는 그럴 때마다 골프 파트너와 수다를 떨면서 스트레스를 풀었다고 한다.

골프는 그 어떤 운동보다 선수들에게 많은 스트레스를 주는 운동이라는 생각이 든다. 축구나 농구처럼 매순간 순발력을 요한다면 잡생각을 할 여유가 없으나 골프는 한 샷 한 샷 칠 때마다 틈이 너무 길어 쓸데없는 생각을 많이 하게 만든다. 스윙보다 주위 사람들을 의식한다든지, 지난번에 친 슬라이스 샷을 걱정한다든지, 짧은 퍼트를 걱정한다든지, 내기 금액이 너무 크다는 것을 걱정한다든지 등등. 하지만 이런 여러 가지 상황은 바로 스트레스로 연결되어 좋은 스윙보다는 기대 이하의 스윙을 하게 만든다. 훌륭한 스윙은 몸과 마음이 편안한 가운데 자연스럽게 이루어져야 하며, 그런 스윙을 구사하기 위해서는 스트레스를 푸는 방법을 알고 있어야 한다. 그렇다면 어떻게 해야 편안함 속에서 매 스윙을 실천에 옮길 수 있을까.

첫째, 매 샷을 하기 전에 준비를 철저히 하는 것이다. 불필요한

그림 12. 자신의 차례가 오기 전에 컨디션과 그 홀에 맞는 클럽을 염두에 두고 현재의 상황을 연구한다. 마음의 준비는 매우 중요하다.

잡담이나 행동은 금하고 될 수 있으면 자신의 차례가 오기 전에 컨디션과 그 홀에 맞는 클럽을 염두에 두고 현재의 상황을 연구한다. 바람이 어느 쪽으로 부는지, 핀을 어떻게 공략할 것인지 등을 마음속으로 준비해 두면 부정적이거나 스윙에 도움이 되지 않는 생각은 자연히 머릿속에서 사라질 것이다.

둘째, 자신이 칠 차례가 되었으면 결정한 클럽을 들고 자신의 베스트 샷을 머릿속에 연상하면서 다운 스윙에 필요한 키를 하나 기억해 두고 한두 번 연습한 뒤 너무 지체하지 말고 본 스윙을 한다. 너무 오랫동안 시간을 끌게 되면 근육이 굳어지고 불필요한 생각이 들어 자연스러운 스윙을 기대하기 힘들다. 함께 라운딩하는 파트너들도 답답하고 지루하게 느낄 수 있기 때문에 매너 면에서도 그다지 좋지 않다.

　처음 몇 번 이렇게 한다고 해서 모든 스트레스가 풀리고 훌륭한 샷이 나오는 것은 물론 아니다. 하지만 포기하지 않고 매 샷을 할 때마다 꾸준히 이 방법을 실천해 자세가 습관화되면 자신이 원하는 멋진 샷을 구사할 수 있게 된다.

3. 현명한 클럽 선택은 싱글이 되는 필수 조건

우리는 하루하루를 살아가면서 매순간 끊임없는 선택을 요구당하고 있다. 오늘 아침에는 어떤 옷을 입을까? 점심에는 무엇을 먹을까? 어떤 대학을 정할까? 어떤 회사의 자동차를 구입할까 등등. 이처럼 하루에도 수십 번씩 알게 모르게 어떤 문제나 상황에 부닥뜨려 그중 하나를 선택하고 있다. 결국 지금의 내 모습은 끊임없이 선택하며 살아온 결과의 결정체라고 할 수 있다. 물론 골프라는 운동도 그 점에서는 예외가 될 수 없다. 핸디가 바로 그런 수많은 골프 환경에 대한 선택의 결과인 것이다.

재미있는 것은, 이러한 선택들이 모두 골퍼의 성격에 맞게 결정된다는 것이다. 성격이 급한 골퍼는 스윙에 대한 준비도 제대로 하지 않은 채 퍼팅과 스윙을 너무 빨리 끝내 버리고는 자신의 샷에 대해 잦은 후회를 하곤 한다. 반대로 성격이 너무 느린 골퍼는 모든 행동이 더디고 시간을 많이 끌어 함께 치는 동료들에게 눈총을 받기도 한다. 그러나 골프를 잘하기 위해서는 이런 마음 자세를 먼저 바꿔야 한다. 항상 샷과 샷 사이의 4~5분을 잘 활용하여 다음 샷을 준비해 놓은 뒤 원하는 샷을 원하는 클럽으로 30초 내에 마무리할 줄 알아야 한다. 그렇게 해야 파트너에게도 부담을 주지 않고 에티켓도 지키면서 여유 있게 샷을 구사할 수 있다.

욕심과 클럽 선택

골프는 라운딩을 시작하는 순간부터 공이 마지막 홀에 떨어지는 순간까지 끝없는 선택을 해야 하는 운동이다. 티 샷을 칠 때, 어정쩡한 거리에서의 클럽 선택, 벙커의 모래 깊이에 따른 샌드 샷(Sand Shot), 퍼터의 속도 결정, 바람에 따른 클럽 선택 등 한 라운드를 돌면서 수많은 선택을 해야 한다. 그중 얼마나 현명한 선택을 많이 했느냐에 따라 그날의 실력(핸디캡)이 판가름나는 것이다. 예를 들어 파5홀에서 멋진 티 샷에, 홀까지 250야드 정도를 남겨 놓고 두 번째 샷을 치기 위해 클럽을 결정해야 하는 상황이라고 가정해 보자. 이 상황에서 당신은 어떤 선택을 내릴 것인가?

불행히도 이런 상황에서 대다수의 골퍼들은 예전에 잘 맞은 드라이버 샷을 떠올리며 욕심을 내 두 번에 올리고 말겠다는 생각으로 3번 우드로 무리한 스윙을 한다. 물론 이렇게 하면 비거리는 좀 더 나올지 모르지만 대부분의 경우 볼이 벙커나 러프에 떨어져 세

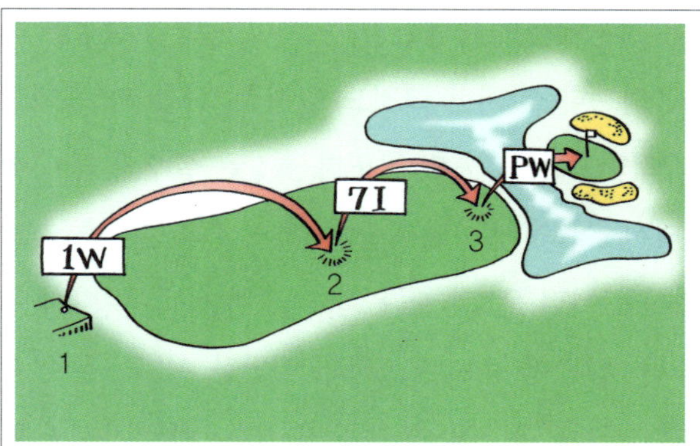

그림 13. 아마추어 골퍼는 5번 우드로 편하게 스윙하여 80~100야드 정도에 떨어뜨린 뒤 세 번째 샷을 샌드나 피칭 웨지로 풀 스윙하여 그린을 공략한 다음 투 펏(Two Putt)으로 파를 잡는다.

번에도 그린에 미치지 못하는 경우가 허다하다. 보기 골퍼 정도만 되도 드라이버만 잘 맞으면 그 홀에서는 당연히 파는 잡았다고 생각해서 긴장을 풀기 때문에 마음이 금세 해이해진다. 어떤 경우에는 버디를 노린다고 무리수를 두다가 파는커녕 보기나 더블을 경험할 때도 많다. 물론 이런 상황에서의 정답은 싱글 디짓 골퍼인 경우 라이가 좋은 상태라면 당연히 두 번에 올리기 위해 우드를 선택하는 것이다. 아마추어 골퍼는 비록 그런 비거리를 낼 수 있다 하더라도 5번 우드로 편하게 스윙하여 80~100야드 정도에 떨어뜨린 뒤 세 번째 샷을 샌드나 피칭 웨지로 풀 스윙하여 그린을 공략한 다음 투 펏(Two Putt)으로 파를 잡는다는 생각을 할 것이다. 그것이 정석이다.

더블 보기한 홀을 마친 뒤에는 자신의 클럽 설정의 잘못을 인정하고 다음에 같은 상황에서는 마음을 비우고 바른 클럽 설정을 하겠다고 굳게 마음먹는다. 하지만 그것도 잠시뿐, 다음 파5홀에서 비슷한 상황에 처하면 작심 20분 만에 또다시 같은 실수의 늪에 빠진다. 그리고는 다시 '아! 이게 아닌데……' 하며 후회한다. 그리고는 맹세한다. '다시는 이런 무모한 짓은 하지 말아야지.' 여기서 우리는 '골프 티칭의 대부'인 보브 토스키의 명언을 새겨들을 필요가 있다. "대다수의 골퍼들은 최악의 샷을 염려하며 대비하지만 현명한 골퍼는 성공적인 샷을 위하여 준비한다."

버디는 실력보다 운?

버디(Birdie)는 아마추어가 실력으로 하는 경우는 거의 없다고 해도 과언이 아니다. 어쩌다 운이 좋아 공이 핀 옆에 붙거나 칩 샷이 핀에 맞고 들어가거나 롱 퍼트가 눈이 멀어 홀에 들어가면서 버디가 되는 것일 뿐 싱글 골퍼 수준이 아닌 이상 실력으로 버디를 하기는 매우 힘들다. 결국 실력이 탄탄하게 다져지지 않은 상태에서 버디를 하겠다고 무모한 스윙을 하는 것은 곧 하이 핸디(High Handy)로 가는 지름길이다. 멘탈 골프에는 시간과 비용을 많이 투자하지 않으면서 핸디를 떨어뜨리는 데만 목표를 둔다면 한시라도 빨리 이런 착각에서 벗어나야 한다. 주말 골퍼 실력이라면 일단 공을 그린에 정석으로 올려놓고 파를 바라보는 자세로 쳐 나가야 한다. 주말 골퍼들이 라운딩을 준비할 때는 그 골프장에서 가장 어려운 홀부터 아홉 번째로 난해한 홀까지는 보기를, 나머지 쉬운 홀은 파를 목표로 해서 18홀을 공략하는 것이 정상이다. 그렇게 해서 계획대로만 진행된다면 그날 바로 싱글을 치게 된다. 버디가 나와도 그저 '감사합니다'라며 겸손하게 받아들이고, 내 실력으로 버디를 했다는 자만심과 거품을 뺀 다음 다시 가벼운 마음으로 다음 홀을 준비해야 한다.

파는 실력과 올바른 판단으로

우리가 알고 있는 것 같으면서도 잊고 지내는 것이 있다. 그것은 바로 파(Par)를 하면 그 홀을 성공적으로 끝냈다는 것이다. 그래서 어떤 홀에서든지 파를 하기 위해서는 모든 샷이 잘 맞아야 한다. 드라이버가 잘 맞으면 그 순간에는 스트레스가 풀리면서 기분이 좋겠지만 그것도 그냥 한 타일 뿐이다. 나머지 샷들도 다 잘 맞아 공이 정석(Regulation)으로 퍼팅 그린에 올라간 뒤 퍼팅 그린에서 2타로 홀을 마감해야 비로소 파를 잡을 수 있다. 다시 말해서 롱 홀에서는 다섯 번의 올바른 선택을 해야 파를 할 수 있다. 파만 18번을 해도 스크래치 골퍼가 된다. 파가 그렇게 만만치 않다는 것을 항상 염두에 두어야 무리한 결정을 덜 내리게 된다. 그러면 자연히 실수가 적어져 핸디가 술술 떨어진다. 다시 말해서 위의 상황에서 실수를 하더라도 보기 이상은 치지 않도록 올바른 판단으로 클럽을 결정하는 데 최선을 다하는 것이 좋다.

골프와 삶의 함수 관계

우리는 골프를 통해 많은 것을 생각하게 되고, 또 삶을 배울 수도 있다. 내가 잘못 내린 판단 때문에 한 홀에서 좋은 성적을 거두지 못했을 때는 왜 그런 결과가 나왔는지 돌아볼 수 있는 냉철한 판단력과 그 잘못된 욕심을 과감히 버릴 수 있는 자제력, 최선을 다해 새로운 해결책을 찾는 진취적이고 열린 마음, 그리고 대자연 속에서 골프를 즐기면서 세상의 아름다움을 인정하며 감사할 줄 아는 겸손한 마음가짐이 필요하다. 이 모든 것이 잘 조화될 때 삶 속에서, 그리고 골프장에서 이미 싱글 골퍼가 되어 있는 기분을 느낄 수 있지 않을까.

4. 골프 스윙의 중요한 열쇠들

인도의 위대한 힌두교 학자였던 크리쉬나의 제자인 알주나의 이야기가 있다. 당시 인도에는 지금의 올림픽처럼 여러 군인들이 모여 활을 가장 잘 쏘는 궁사를 가르는 시합이 있었다고 한다. 예선을 통과한 몇몇 선수들은 결선에서 5m나 되는 나무 위에 몸이 묶여 8번 아이언 거리(약 130m)에 금으로 만든 팔뚝만 한 물고기에 붙어 있는 10원짜리 동전만 한 눈을 맞추어 우위를 겨루었다. 물론 여기서 우승한 선수는 지금의 마스터즈 골프 대회에서 우승하는 것과 같을 정도로 궁사로서는 최고의 명예를 얻을 수 있었다.

한번은 결승전에 올라온 각 선수들에게 화살을 쏘기 전에 심판이 이렇게 물었다고 한다. "당신은 지금 무엇이 보입니까?" 그러자 나무가 보인다는 사람도 있었고, 물고기가 보인다는 사람도 있었고, 주의의 언덕과 해가 보인다고 하는 사람도 있었다. 그런데 이렇

그림 14. 인간의 힘이나 능력으로 불가능해 보이는 것일지라도 그것에 집중함으로써 불가능도 가능케 한다.

게 말한 사람들 가운데 과녁을 맞춘 사람은 한 명도 없었다. 다만 지금 내 눈에는 물고기의 눈이 보인다고 명쾌하게 대답한 전년도 챔피언 알주나 선수만이 보기 좋게 그 눈을 정확하게 꿰뚫었다.

이 이야기는 《골프의 우주 법칙(The Cosmic Laws of Golf)》의 저자인 프린더 바울러(Printer Bowler)가 인간의 힘이나 능력으로 불가능해 보이는 것일지라도 그것에 집중함으로써 불가능도 가능케 한다는 것을 피력하고자 든 예다.

스윙 키, 왜 필요한가

주말 골퍼들은 골프를 칠 때 주위 환경을 지나치게 의식한 나머지 자연스러운 스윙을 하지 못할 때가 많다. 그러나 알주나 선수처럼 지금 하고자 하는 것에 집중한다면 생각하는 것보다 훨씬 더 큰 가능성으로 나타날 수 있다. 골프 스윙을 할 때도 어떤 생각을 갖고, 어디에 목표를 두느냐에 따라 결과가 여러 가지 모습으로 나타난다. 좋고 긍정적인 생각으로 계획된 스윙을 하는 골퍼와 뚜렷한 목적 없이 요행을 바라면서 스윙하는 골퍼는 상당한 차이가 있다. 골프를 칠 때마다 좋은 스윙을 유도할 수 있는 방법이 많은데, 그날 자신에게 필요한 스윙 키(Swing Key) 포인트를 한 가지씩만 선택해 그것에 집중한다면 그만큼 자연스러운 스윙이 나오고, 좋은 샷을 구사할 수 있을 것이다.

스윙 키에는 백 스윙(Back Swing) 키와 다운 스윙(Down Swing) 키가 있다. 필자의 경험에 의하면 백 스윙 키보다는 다운 스윙 키가 스윙에 더 큰 도움을 주는 것 같다. 바른 셋업에 안정된 백 스윙을 하고 공을 치는 순간 다운 스윙 키를 생각하며 스윙할 때 좋은 결과가 나온다. 이때 주의할 점은 스윙할 때는 여러 가지 스윙 키 가운데 하나만 해야 한다는 것이다. 시속 90마일의 빠른 속도로 다운 스윙하면서 한 가지 이상의 생각을 한다면 좋은 샷을 만들기가 거의 불가능하기 때문이다.

1970년대에 토너먼트마다 잭 니클라우스(Jack Nicklaus)와 1,2등을 겨루었던 TV 골프 해설가 조니 밀러(Johnnie Miller)는 그 많은 스윙 키 중에 그날 꼭 맞는 키를 찾아 경기에 이용한다고 했다. 당일날 자신에게 맞는 적절한 스윙 키를 찾아 이용한다면 최대의 풀 스윙 효과를 볼 수 있을 것이다.

① 백 스윙 때 오른손을 마치 웨이터가 접시를 든 자세를 만든다.

② 백 스윙을 길게 뺀다,

③ 몸무게의 70%가 오른발 안쪽에 쏠리게 한다.

>> 다운 스윙 키

① 오른쪽 팔꿈치가 몸에 가까이 붙어서 내려온다.

② 왼쪽 옆구리를 빨리 목표 쪽으로 돌린다.

③ 훅으로 고생하면 팔로 스루를 높게 한다.

④ 슬라이스로 고생하면 팔로 스루를 낮게 한다.

⑤ 공이 클럽에 맞는 순간까지 주시한다.

⑥ 스윙 후 밸런스를 잃지 않도록 한다.

⑦ 고개를 들지 않는다.

⑧ 왼쪽 어깨를 빨리 뒤로 돌린다.

⑨ 오른쪽 어깨를 턱 아래로 쭉 민다.

⑩ 다운 스윙을 짧게 한다.

⑪ 피니시 후 두 엄지손가락이 왼쪽 귀 위에 머물게 한다.

5. 카멜레온 같은 골퍼가 되자

자동차도 시동이 걸린 뒤 어느 정도 웜 업(Warm Up)이 되어야만 순조롭게 달릴 수가 있다. 카브레터에 적절한 양의 공기와 가스가 배합되어 있어야 하고, 피스톤이 정확한 시간차에 의해 폭발해야 하고, 제너레이터에서도 배터리 없이 자체 내에 전력을 계속 공급해 주어야 한다. 이렇게 수십 가지의 기능이 조화를 이루어야만 자동차가 무리 없이 달릴 수 있다. 골프 스윙도 마찬가지다. 우선 18홀이라는 고속도로를 순조롭게 달리기 위해서는 골퍼의 컨디션을 적당히 웜업시켜 주어야 한다. 그러기 위해서는 적어도 티 타임 30분 전에 도착하여 연습장에서 간단히 몸을 풀며 그날의 컨디션을 체크해 보는 정성이 필요하다.

골프는 우리 몸에 있는 50개 이상의 마디와 근육을 골고루 다 사용하는 운동이라 몸의 어느 한 부분이라도 이상이 생기면 평소에

그림 15. 골프는 예민하고 섬세한 운동이다. 따라
서 골퍼도 카멜레온처럼 변화해야 한다.

잘 맞던 드라이버도 엉뚱한 샷으로 변해 골퍼를 당황하게 만들기
일쑤다. 그래서 그런지 치기도 전에 슬슬 핑계가 나오기 시작한다.
그 얘기들을 들어보면 정말 각양각색이다. "어제 오후에 오랜만에
정원을 좀 손봤더니 컨디션이 영 안 좋네.", "오늘 골프 친다고 새
벽 3시까지 잠을 설쳐서…….", "지난주에 처남이 치던 골프채를
받아 오늘 처음 가지고 나왔는데 한 번도 안 쳐 본 클럽이라 어떨
는지…….", "요즘 너무 바빠서 골프채 구경도 못했어." 등등. 오죽
했으면 이런 핑계들만 모은 책이 다 나왔을까? 아무튼 이러한 핑계
나 변명 속에도 어느 정도의 진실은 숨어 있다. 이는 그만큼 골프
가 예민하고 섬세한 운동이라는 역설적 표현인 것이다.

그날 컨디션에 맞는 스윙을 찾아라!

한 라운드를 도는 과정에서도 수시로 컨디션이 바뀌는데, 하물며 어제와 오늘의 컨디션이 어찌 같을 수 있겠는가. 골프는 아까 잘 쳤다고 해서 다음 홀도 잘 친다는 보장이 없으며, 어제 잘 쳤다고 해서 오늘 잘 칠 수 있다는 보장은 더더욱 없다. 사실 골퍼들은 여러 번의 실전 경험을 통해 이러한 사실을 잘 알고 있지만 거기에 대처해 게임을 운영하는 골퍼는 극히 드물다. 그렇기 때문에 자신의 최고의 샷에 준하여 클럽을 설정하지 말고 샷하는 순간 자신의 몸 상태를 파악하여 그에 따른 적절한 샷을 구사하는 것이 현명하다. 무모한 샷은 결국 더 큰 부작용을 낳아 점수에 지장을 초래해 그날 라운딩 전체에 해를 끼친다는 것을 마음에 새겨야 한다.

예를 들어 라운딩을 시작한 첫 서너 홀은 몸이 굳어 있는 상태라 평상시보다 자연스러운 스윙이 나오기 힘들다. 그러므로 이때는 공격적인 골프보다는 안전한 골프로 몸을 푸는 것이 좋다. 그러다 일단 몸이 풀린 뒤에는 공격적인 게임을 유지한다. 그리고 마지막 서너 홀을 남겨 놓고는 피로해진 근육에 무리가 가지 않도록 다시 편안한 샷을 통해 점수를 관리하는 스윙 템포를 개발해야 한다.

세 가지 스윙 템포

대체로 많은 주말 골퍼들이 자신의 몸 상태와는 무관하게 오로지 무리한 풀 스윙으로 코스와 정면 대적한다. 이는 물론 스윙 속도를 조절하는 연습이 평상시 되어 있지 않기 때문이기도 하다. 좀 더 구체적이고 세밀한 스윙 템포에 관심이 있는 사람은 아래의 방법을 참고하여 연습해 보기 바란다.

스윙 후 밸런스를 잃지 않은 상태에서 이루어진 최고의 속도를 100으로 가정했을 때는 골퍼들의 평상시 모든 샷의 스윙 속도가 90 정도라야 무리 없는 스윙이라고 볼 수 있다. 페어웨이가 넓어서 공의 정확성이 그다지 필요하지 않을 때는 100% 풀 스윙으로 아무런 위험 부담 없이 비거리를 늘릴 수 있겠지만 컨디션이 좋지 않거나 페어웨이가 좁아서 거리보다는 정확성을 필요로 할 때, 공을 평상시보다 덜 보내야 할 경우에는 80 정도로 스윙의 속도를 줄일 줄 알아야 한다.

'지피지기(知彼知己)면 백전백승(百戰百勝)'이라는 말이 있다. 즉 적을 알고 나를 알면 백 번을 싸워 백 번 다 이길 수 있다는 뜻이다. 골프는 자기 자신과의 싸움이다. 내 몸의 컨디션을 매 순간 빨리 파악하여 거기에 적절한 클럽을 선택하고, 그에 준한 타구를 구사할 수 있다면 그날의 게임도 승리로 이끌 수 있을 것이다.

6. 클럽 비거리, 얼마나 정확히 알고 있나?

얼마 전 아내와 우리나라 비디오를 보고 있는데, 이런 장면이 나왔다. 남자 주인공이 콩나물 가게 아주머니에게 "콩나물 좀 주세요"라고 말하자 가게 주인이 얼마나 원하느냐고 물었다. 이에 남자 주인공이 "좋은 걸로 적당히 주세요"라고 하자 주인 아주머니는 정말로 적당히 콩나물을 건네주며 계산을 하는 것이었다.

이 장면을 보면서 문득 우리나라 사람들은 세계에서 독심술이 가장 뛰어난 국민이 아닌가 하는 생각이 들었다. 본인도 얼마나 원하는지를 모르는 양을 상대방이 척척 알아서 주고, 손님 역시 그것이 바로 정량인 듯 불평 한 마디 없이 계산하는 장면이란……. 30여 년 간 미국에 살면서 미국식 생활에 익숙해진 필자에게는 굉장히 재미있으면서도 한편으로는 의아한 장면이었다.

그림 16. 하이 핸디캡 골퍼일수록 임팩트(Impact) 시 스윗 스폿을 정확히 맞출 확률이 적기 때문에 비거리의 오차가 더욱 많이 생겨 공이 생각보다 짧게 날아간다.

클럽의 비거리를 적당히 생각하면 큰 오산

이와 같은 맥락에서, 많은 하이 핸디 골퍼들 역시 골프 클럽의 비거리를 설정할 때 대충 감으로 결정한다. 예를 들자면 이런 식이다. '어제는 340야드짜리 파4홀에서 티 샷이 그린 앞에 착지한 걸 보니 드라이버가 족히 300야드쯤은 나간 것 같아.' 또는 '150야드 어프로치 샷(Approach Shot)을 7번 아이언으로 쳤는데 그린을 넘긴 걸 보니 지난주에 바꾼 그립이 효과를 본 것 같아.'

몇 년 전 한 골프 잡지에서 골퍼들이 생각하는 비거리와 실제 거리의 차이를 조사해 발표한 것을 본 적이 있다. 테스트 결과 대다수의 골퍼들이 항상 자신의 비거리를 실제보다 10~20야드, 심지어 드라이브의 경우에는 50야드만큼 더 나간다는 잘못된 생각을 갖고 있었다. 핸디가 싱글 수준이 아닌 골퍼들은 주로 어프로치 샷이 그린 앞쪽에 떨어지는데, 그 이유가 바로 잘못 알고 있는 자신의 비거리 때문인 것이다. 특히 하이 핸디캡 골퍼일수록 임팩트(Impact) 시 스윗 스폿을 정확히 맞출 확률이 적기 때문에 비거리의 오차가 더욱 많이 생겨 공이 생각보다 짧게 날아간다는 것도 잊어서는 안 된다.

정확한 비거리 측정 훈련 6가지

앞에서 클럽 선택의 중요성에 대해 언급했다. 이제부터는 바른 선택을 하기 위해 14개 클럽의 비거리가 얼마나 되는지를 정확히 파악하는 연습을 해야 한다. 아래에 필자가 제시한 6가지 내용을 자신의 실력에 맞춰 집중적으로 실전에 이용한다면 상황에 맞는 바른 클럽 설정을 할 수 있고, 불필요한 실수를 줄여 핸디를 떨어뜨릴 수 있다.

① 각 클럽이 보낼 수 있는 비거리를 잴 때는 공이 얼마나 날아갔고, 또 거기서 얼마나 굴러갔는지를 알아야 한다. 예를 들어 230야드짜리 티 샷은 190야드 날아가고(Carry) 나머지 40야드는 굴러(Roll) 갔다고 생각할 수 있다. 특히 피칭에서부터 7번 아이언까지 점수를 내는 클럽의 C&R을 정확히 파악하는 훈련이 필요하다.

② 거리를 가늠할 때는 정확한 거리 설정에 신경 써야 한다. 한 홀의 비거리가 어디서부터 어디까지인지를 정확하게 알고 있어야 한다. 예를 들어 각 티 박스 팻말이나 스코어 카드에 적혀 있는 비거리 표시는 하얀 티 마커에서 시작하여 퍼팅 그린의 한가운데까지를 나타낸다. 여기서 유의할 점은 티 박스가 아니라 티 마커라는 것이다. 다시 말해서 티 마커는 어른 손보다 조금 큰 동그란 모양으로, 땅에 영구히 고정돼 있으나 티 박스는 잔디를 보호하기 위해서 티 마커를 중심으로 날마다 10야드 정도 옮겨진다. 그러므로 비록 같은 홀이라 해도 당일 티 박스가 티 마커를 기준으로 어디에 설정되느냐에 따라 그 홀의 제거리도 표시된 거리와 얼마만큼 차이가 나게 된다. 그렇기 때문에 파3홀에서는 대충 카드에 적힌 홀의 거리만 보지 말고 티 박스와 티 마커의 차이를 계산하여 정확한 비거리를 판단한 뒤 최종적으로 클럽을 선택하는 신중함을 키워 나가야 한다.

③ 바람이 순풍인지 역풍인지에 따라 길게는 60~100야드까지 거리가 차이나기도 한다. 예를 들어 평상시 6번 아이언으로 공략하는 150야드 파3홀은 순풍의 강도에 따라 7번 내지 8번을 잡겠지만 역풍일 경우에는 5번이나 4번을 잡을 마음의 준비가 되어 있어야 한다. 이처럼 같은 홀에서도 바람의 영향에 의해 클럽이 무려 4개나 차이가 날 수도 있다. 그러므로 바람의 강도와 방향을 관찰하고, 거기에 준한 거리를 계산하는 세밀함이 필요하다.

④ 퍼팅 그린의 크기에서도 많은 차이가 날 수 있다. 가령 그린이

40야드 정도이고, 거리가 150야드인 파3홀에서는 핀의 위치에 따라 비거리가 짧게는 135야드에서 길게는 165야드가 될 수도 있다는 것을 항상 염두에 두어야 한다.

⑤ 산호세처럼 여름에 건조하고 더우면 그만큼 공에 탄력이 생기고, 대기의 저항을 덜 받아 공이 공중에 떠 있는 시간이 길어져 비거리가 많이 난다. 하지만 반대로 겨울에는 상반된 이유로 같은 클럽의 비거리가 5~10야드까지 떨어진다. 또한 지면이 젖어 있어도 공이 굴러가지 못해 비거리가 짧아진다는 점도 고려해야 한다.

⑥ 레이크 타호처럼 고지대에서 골프를 할 경우에도 드라이버가 25야드 이상 차이가 난다. 위로 올라갈수록 대기압의 저항을 그만큼 덜 받기 때문에 자연히 공이 공중에 떠 있는 시간이 많아져 비거리가 늘어난다. 그러므로 이런 곳에서 골프를 할 때는 제거리에서 10야드를 빼고 클럽을 설정하는 것이 중요하다. 즉 어프로치 샷이 110야드 남았으면 제거리를 100야드로 계산한다는 것을 잊어서는 안 된다.

골프는 창조주가 만든 가장 훌륭한 스포츠?

자연 속에서 골프를 즐기다 보면 자신도 모르게 그 완벽함에 감탄하지 않을 수 없게 된다. 자연이야말로 모든 세세한 부분에까지 창조주의 자상함이 배려된 완벽한 작품이 아니겠는가. 어쩌면 골

프의 궁극적인 목적은 창조주의 완벽성을 바라보며 그것을 추구
해 가는 운동이 아닌가 하는 생각이 든다. 한 홀에서 최선을 다하
면 파를 하는데, 이 역시 조그마한 하나의 완성이 아닐까 싶다. 그
렇게 하기 위해서는 적당한 생각을 정확한 생각으로 바꾸고, 성실
하게 훈련에 임하는 자세가 필요하다. 이렇게 매 홀 철저한 준비
속에 최선을 다하려고 노력하면서 18홀을 돌다 보면 핸디는 자연
스럽게 떨어진다. 인생 역시 한 걸음 한 걸음 완성을 향해 나아가
듯, 정성껏 걸어가는 삶이야말로 창조주가 자연을 통해 우리에게
보내는 메시지가 아닐까?

7. 백 스윙 - 첫 30cm의 중요성

회사 업무 관계로 한 전자 회사의 세일즈 부장인 알리 씨와 점심 식사를 하게 되었다. 이런저런 이야기를 하다가 골프 이야기로 화제가 바뀌었다. 이야기 도중 자연스럽게 필자가 티칭 프로임을 알게 된 알리 씨는 결국 레슨을 부탁해 왔다. 손님 접대로 골프를 치게 될 경우가 많은데, 그럴 때마다 변변치 않은 자신의 실력 때문에 문제가 많다면서 극구 레슨을 부탁하는 바람에 어쩔 수 없이 레슨을 해 주기로 했다.

며칠 뒤, 골프장에서 만나 정식 레슨을 시작했다. 우선 알리 씨의 실력이 어느 정도인지를 알아보려고 몇 번 스윙을 해 보라고 했다. 그러자 그는 기다렸다는 듯이 스윙에 들어갔다. 어드레스를 한 뒤 약 10초 정도 공을 주시하다가 갑자기 클럽을 끌어올리더니 눈 깜짝할 순간에 스윙을 마쳤다. 한 열 번 정도 스윙하는 동안 거의 같은 템포로 스윙했는데, 신기하게도 그 10개의 공이 좌우를 가리지 않고 마음대로 날아가는 것이었다. 주로 초보자나 중급자들도 티 샷은 훅성으로 인해 고생하거나 슬라이스성에 문제가 있는데, 알리 씨의 경우에는 공의 방향에 전혀 일관성이 없었다. 주로 백 스윙을 급히 당기는 학생들에게서 많이 볼 수 있는 전형적인 케이스였다. 본인 역시 이것이 자신의 스윙에서 가장 큰 문제점이라는 걸 알고는 있지만 여러 가지 방법을 다 시도해 봐도 효력을 보지 못했다고 했다.

알리 씨의 문제는 공을 잘 쳐야 한다는 강박관념 때문에 공을 어드레스한 뒤부터 몸이 굳어져 스윙을 빨리 끝내려고 하는 마음이 생겨 백 스윙과 다운 스윙을 급하게 한 결과 공과 클럽이 일정치 않게 연결되어 매 샷 다른 결과가 나오는 것이었다. 이런 경우에는 멘탈과 피지컬 테크닉, 두 가지 방법을 다 사용하여 스윙을 잡아야 한다. 일단은 마음을 편하게 먹고 백 스윙을 최대한 천천히 하는 훈련을 해야 한다. 필자는 알리 씨에게 6번 아이언으로 백 스윙을 천천히 하여 공을 쳐 볼 것을 권했다. 그러나 연습 스윙은 무리 없이 천천히 하다가도 막상 공을 놓고 치면 본래의 빠르고 급한 스윙으로 다시 돌아가는 것이었다. 그러면서 알리 씨는 연습할 때는 잘되지만 막상 실전에 들어가면 늘 같은 상황을 반복하게 된다고 했다. 그래서 이번에는 다른 방법을 사용해 보기로 했다.

우선 공을 어드레스한 뒤에 공을 그냥 쳐다보지 말고 연습 백 스윙을 한 30cm 정도 하되 가능하면 최대한 천천히 하면서 그 리듬

그림 17. 백 스윙은 마치 야구 투수가 공을 던지기 전에 천천히 준비하는 것처럼 해서 최대한 다운 스윙을 빨리 하기 위한 준비 과정이 되도록 한다.

을 기억하고 마음의 준비가 되었을 때 공을 치라고 했다. 공을 칠 때도 그 느낌 그대로 백 스윙을 해 보라고 권했다. 결과는 대성공이었다! 처음 몇 번은 연습 백 스윙이 조금 어색하고 빨랐지만 그때마다 주의를 주면서 속도를 줄여 주었다. 그러자 30cm 이후의 백 스윙도 자연스럽게 천천히 올라가게 되어 전체적으로 안정된 스윙 템포가 자리잡기 시작했다. 스윙이 이렇게 바뀌자 우선 공의 방향에 일관성이 생겼다. 잘 맞든 맞지 않든 일단 공이 같은 방향으로 날아가게 된 것이다. 이렇게 템포가 좋아지자 공도 스윗 스폿에 잘 맞고 비거리도 평소보다 더 나기 시작했다. 또 한 가지 보너스는, 바로 이렇게 스윙에 자신이 생기자 그 후 골프장에 나가 라운딩을 할 때마다 찾아왔던 티 샷에 대한 걱정과 스트레스가 사라지고, 스윙에도 그만큼 여유가 생겨 골프가 점점 재미있어졌다고 한다.

이렇게 알리 씨처럼 성격이 급해서 전체적으로 스윙이 빠르고 급한 골퍼들에게는 위의 방법을 권하고 싶다. 백 스윙은 마치 야구 투수가 공을 던지기 전에 천천히 준비하는 것처럼 해서 최대한 다운 스윙을 빨리 하기 위한 준비 과정이 되도록 한다. 급한 백 스윙으로 싱글 골퍼가 되기란 무척 어렵다. 평소에 레인지에서 연습을 할 때도 자신을 자제할 수 있는 느긋함과 여유를 키우는 멘탈 훈련이 필요하다. 그래야만 그것이 습관이 되어 필드에 나가서도 이와 같은 여유 속에서 스윙할 수 있는 노련한 멘탈 골퍼가 되는 것이다. 이렇게 멘탈이 단련된 골퍼는 안정된 스윙을 하게 되어 커다란 실수를 줄일 수 있기 때문에 당연히 핸디도 떨어진다.

8. 트리플 보기와 버디 후 감정 조절하기

미국골프협회에서 정한 골프 룰 1-1에 의하면 '골프는 티 박스 안에서 클럽으로 공을 한 번 이상 쳐서 그 공이 홀에 들어갔을 때 게임이 끝남' 이라고 정의하고 있다. 너무나 잘 알고 있는 말이지만 이것이 골프 룰의 시작이라는 것을 알고 있는 골퍼는 아마 1%도 채 안 되리라고 짐작한다. 룰 1-1에 의하면, 우리는 18홀을 돌면서 18회의 다른 경기를 펼치고 있는 것이다. 이렇게 18회의 경기에 임하기 때문에 매 홀 새로운 마음으로 임하는 자세가 필요하다. 그런데 막상 뚜껑을 열어 보면 실상은 그렇지 않을 때가 더 많다. 이전 홀을 어떻게 쳤는지, 백 나인을 어떤 점수로 끝냈는지에 따라 생각과 감정에 많은 영향을 받는다. 잘 나가다가 트리플 보기를 범해 무너지는 골퍼들은 지금 이 순간에도 나오고 있고, 버디를 하고도 그것이 득보다는 해로 작용하는 경우도 많기 때문이다.

그림 18. 감정 조절을 잘하는 골퍼는 그렇지 못한 골퍼에 비해 훨씬 큰 이점을 지니고 경기에 임한다.

트리플 보기와 버디는 그야말로 골프에서 천당과 지옥이나 매한가지다. 그런데 다시 생각해 보면 이렇게 극과 극인 상황에서 한 가지 공통점을 뽑아 낼 수 있다. 그것은 바로 '감정의 흔들림'이다. 앞에서도 언급했듯이 대다수의 골퍼들은 현재 자신의 핸디캡에 무의식적으로 안주하고 있다. 예를 들어 자신의 핸디가 90이라고 생각하는 골퍼가 첫 9홀에서 3~4개 오버로 마치고 백 나인에 들어섰다고 하자. 이 경우 그 골퍼는 자신의 평소 핸디보다 훨씬 잘 친 것에 고무되어 더 잘 치려는 욕심을 내다가 오히려 마지막 9홀을 대가고는 결국 자신의 핸디에 준하여 경기를 마치는 경우가 많다. 비슷한 예로, 갑자기 주말 골퍼가 버디를 잡았을 경우, 좋은 기분과 감정에 들떠 평상시의 편안한 스윙을 못하게 되어 다음 홀에서 흔히 말하는 버디 값을 치르는 일도 많다. 그런가 하면 몇 홀을 연속해서 파로 잘 나가다가 한 홀에서 무리한 샷이나 어처구니없는 실수로 트리플을 범하는 경우가 있다. 그렇게 되면 그 나쁜 감정이 다음 홀까지 이어져 지난 홀의 실수를 버디로 메우려고 무리한 스윙을 하다가 그동안 잘 저축해 놓았던 점수를 한순간에 날려 버리기도 한다. 이 때문에 허무함에 싸여 평상심을 잃고 스윙에 자신감까지 잃어 티 샷을 실수하는 등 게임의 전체적인 흐름까지 망가뜨리는 모습도 주위에서 많이 보았다. 여기서도 볼 수 있듯이 감정 조절을 잘하는 골퍼는 그렇지 못한 골퍼에 비해 훨씬 큰 이점을 지니고 경기에 임한다고 할 수 있다. 그렇다면 어떻게 해야 감정을 잘 조절하면서 경기에 임할 수 있을까.

예를 들어 한 홀에서 버디를 했다고 하자. 이때는 실력으로 버디를 잡았다고 착각*해 매 홀마다 파나 버디를 잡겠다는 무리한 생각을 하기보다는 앞으로 18홀을 돌면서 한두 번은 생길 트리플 보기에 대비했다고 생각하는 것이 좋다. 동시에 지금 들떠 있는 마음을 차분하게 가라앉힐 필요가 있다. 반대로 트리플 보기를 범했을 경우에는 어차피 18홀을 돌면서 한두 번은 나올 것이 먼저 나왔다고 생각하고 이제 더 이상 그런 실수가 없도록 노력하려는 마음 자세

---

* 버디는 프로와 같은 직업 선수들도 자주 하기 힘든 점수임을 인정해야 한다. 같은 홀에서 열 번의 경기를 치러 버디를 다시 할 수 있다고 장담할 수 있는 프로는 그다지 많지 않다. 그렇기 때문에 필자는 버디는 실력이라기보다는 운이라고 본다. 어프로치 샷이 깃대 옆에 붙었거나, 치핑이나 벙커 샷이 한 번에 홀 컵에 들어가거나, 긴 퍼팅이 홀에 들어가야 나오는 것이 버디 퍼트이기 때문에 프로들도 연속적으로 할 수 없는 것이다.

가 필요하다. 18홀을 도는 동안 이렇게 감정의 기복을 수시로 체크하면서 항상 평소의 편안한 마음으로 경기에 임한다.

또한 몇 홀을 파나 보기로 잘 마무리해 가다가 엉뚱한 점수가 나왔을 때도 '그럼 그렇지. 내 실력이 이것밖에는 안 되는데……' 라면서 자책하기보다는 제대로 치지 못한 한 홀을 빨리 머릿속에서 지우고 다시 새로운 경기를 시작한다는 자세로 임하는 것이 좋다. 물론 버디를 했을 때도 정말 자신이 잘해서 그런 샷이 나왔다는 착각에서 빨리 빠져나와야 한다. 그리고는 다음 홀 티 샷을 치기 전에 심호흡을 하고 편안한 스윙을 생각하면서 지난 홀을 머릿속에서 지우고 새로 펼쳐질 홀에 정신을 집중하려고 노력한다.

질질 끌려 다니던 과거의 골프를 과감하게 버리고 현재에 최선을 다하려는 마음을 먹고, 감정의 기복이 생길 때마다 평상심을 유지하려는 마음 자세로 매 게임을 치르면서 단련해 내 것으로 만들 수만 있다면 이미 싱글 핸디캡퍼의 정신 수준에 올라 있다고 할 수 있다. 더불어 골프 실력 또한 상당한 수준에 오르게 될 것이다.

환경 인식

1. 페어웨이 폭 2배로 사용하기

　어떤 운동이건 그 분야에서 선수 생활을 할 정도의 수준이 되려면 그 운동에 필요한 테크닉을 정밀히 분석해야 함은 물론 그 게임이 주는 환경을 최대한 활용할 줄 알아야 한다. 그래야만 더 좋은 플레이를 할 수 있다. 그래서 축구와 같은 구기 종목에서는 개인기가 뛰어난 선수보다는 팀워크에 도움이 되는 선수가 많을수록 더욱 좋은 팀이 될 수 있다.

　골프는 개인 운동이라 팀워크가 필요 없다고 생각할 수도 있지만 그렇지 않다. 쉽게 말해 골프에서의 팀워크는 흔히 들어온 코스 매니지먼트라고 생각하면 된다. 이렇게 테크닉과 팀워크를 잘 혼합하여 라운딩에 임하면 평상시보다 훨씬 좋은 스코어를 낼 수 있다. 특히 골프에서 가장 중요한 티 샷을 잘 관리하여 매 홀마다 공

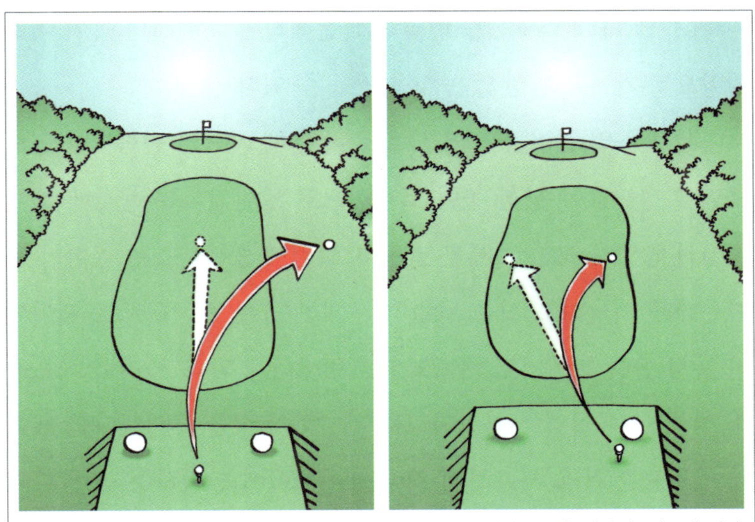

그림 19. 공이 일관성 있게 움직이면 이를 잘 이용하여 페어웨어의 폭을 평상시보다 2배 이상 사용해 공이 페어웨이에 안착되는 확률을 100% 늘릴 수 있다.

을 페어웨이에 착지시킬 수 있다면 그날 라운딩에서 만족할 만한 점수를 낼 확률이 높아진다.

아주 초보가 아닌 이상 대부분 골퍼들의 샷은 슬라이스가 나든 훅이 나든 한쪽 방향으로 흐른다. 그중에서도 대다수의 골퍼들은 슬라이스성 구질의 샷을 구사한다. 일단 이렇게 공이 일관성 있게 움직이면 이를 잘 이용하여 페어웨어의 폭을 평상시보다 2배 이상 사용해 공이 페어웨이에 안착되는 확률을 100% 늘릴 수 있다. 간혹 공의 방향이 일관성 없이 왼쪽이나 오른쪽으로 휘어지는 골퍼들에게는 잘 적용되지 않겠지만 만약 당신이 그런 경우라면 우선 셋업의 네 가지, 즉 그립(Grip), 어드레스(Address), 포스처(Posture), 볼의 위치(Ball Positioning)를 면밀하게 분석하여 훈련하면 공이 어떤 방향으로 가든 일관성 있는 샷을 만들 수 있다.

대체로 주말 골퍼들은 티 샷을 준비할 때 자신의 실력이나 공의 구질에 상관없이 항상 공이 일직선으로 날아간다는 생각에 페어웨이의 중앙을 보고 자세를 잡는다. 그런데 슬라이스성 골퍼가 한가운데를 겨냥하고 샷을 날릴 경우에는 공이 오른쪽으로 페어웨이 폭의 반만 휘어져도 페어웨이를 벗어나게 된다. 그러나 어드레스 시 왼쪽 페어웨이 가장자리를 겨냥하여 샷을 구사한다면 페어웨이의 모든 폭을 사용하게 되어 페어웨이에 안착하는 공이 그만큼 많아지고, 또 세컨드 샷을 좀 더 좋은 조건에서 칠 수 있게 되어 결과적으로 좋은 성적을 낼 확률이 높아진다. 예를 들어 슬라이스성의 골퍼가 폭이 40야드의 페어웨이에 중간을 겨냥해 샷을 했을 때 드라이버가 20야드 이상 휘어지면 공이 페어웨이를 벗어나지만 왼쪽 페어웨이를 겨냥해 공을 친다면 40야드의 페어웨이를 다 사용할 수 있다는 계산이 나온다.

그런데 이 방법을 사용할 때는 한 가지 주의할 점이 있다. 그것은 바로 본인이 왼쪽이나 오른쪽 가장자리를 겨냥하고 어드레스할 때 양발과 양무릎, 양어깨 선과 같은 보디 라인이 공과 목표물을 잇는 타깃 라인과 평행을 이루어야 한다는 것이다. 이때 가장 흔히 저지르기 쉬운 실수는 두 다리는 왼쪽을 겨냥하고 있는데 볼을 한가운데로 보내려고 하는 마음이 생겨 자신도 모르게 양어깨가 페어웨이 중앙을 향하는 것이다. 이렇게 되면 평상시보다도 몸이 많이 열려 볼이 더욱 오른쪽으로 휘어지게 된다. 다시 말해서 목표를 정하면 몸의 모든 부분이 그쪽을 향해 자세를 잡고, 그쪽을 친다는 마음가짐을 가져야 한다. 이 방법만 머릿속에 새겨 놓으면 평상시보다도 드라이버의 공이 페어웨이에 안착할 확률이 2배로 높아지면서 공이 지나치게 바깥쪽으로 빠져 OB가 나 벌타를 먹는 경우도 줄어든다. 그야말로 일거양득이라 할 수 있는 것이다. 이처럼 점수를 줄일 수 있는 방법을 하나하나 찾아 연구하고 그것을 활용한다면 지금 테크닉으로도 훨씬 좋은 성적을 낼 수 있다.

2. 자연을 잘 관찰하고 순종하라

골프는 아마도 마라톤을 빼놓고는 가장 넓은 운동장을 필요로 하는 운동일 것이다. 한 홀을 평균 400야드로 계산했을 때 미식 축구장의 무려 4배나 되고, 거기에 18홀을 곱하면 페어웨이만 계산해도 대략 축구장의 72배나 되는 넓은 공간이다. 이렇게 넓은 곳에서 라운딩을 하다 보면 자연 환경에 많은 영향을 받게 되는 것은 당연하다. 특히 바람이 많이 부는 날에는 매 홀마다 티 샷의 방향과 거리 측정이 그만큼 힘들어진다는 것은 누구나 다 아는 이야기다.

그러나 골퍼들은 자연에 순응하며 순풍에 돛 달듯이 그 바람을 잘 이용할 필요가 있다. 특히 슬라이스성 구질의 골퍼는 바람이 왼쪽에서 오른쪽으로 불 경우 스핀에 가속이 붙어 평상시보다 슬라이스가 3~4배는 더 난다는 것을 유념해야 한다. 훅 샷도 마찬가지다. 이렇게 바람이 심하게 불 때는 공을 치기 전에 평상시보다 다

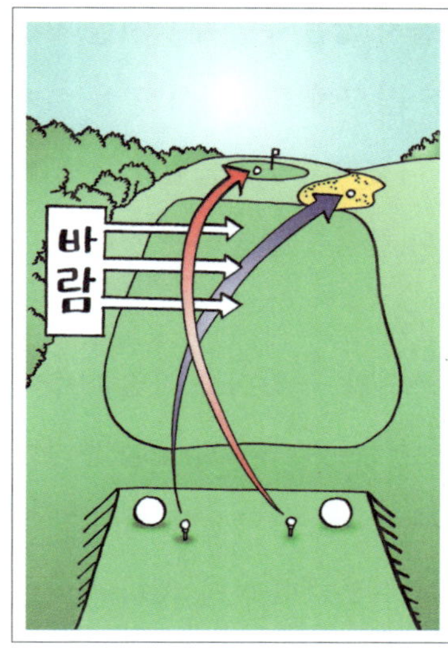

그림 20. 바람이 많이 부는 날에는 매 홀마다 티 샷의 방향과 거리 측정이 그만큼 힘들어진다. 골 퍼들은 그 바람을 잘 이용할 필요가 있다.

리를 조금 더 벌려 무게 중심을 하체에 둔 뒤 티를 조금 내려 스윙 속도를 평소보다 줄여 치면 임팩트 시 공의 스핀이 줄면서 공이 뜨는 것을 방지하고 덜 휘게 하며 바람의 영향도 상대적으로 덜 받을 수 있다.

만약 바람이 뒤쪽에서 불어온다면 티 샷은 드라이버보다 3번 우드로 하는 것이 좋다. 3번 우드는 그만큼 헤드 각도가 커서 공이 더욱 높이 떠 바람을 타기 때문에 드라이버 샷보다 정확하게, 그러나 비슷한 비거리로 칠 수 있다. 만약 파3홀에서 바람이 오른쪽에서 왼쪽으로 분다면 평상시보다 바람의 강도만큼 오른쪽으로 겨냥하여 바람을 타고 공이 퍼팅 그린 쪽으로 가도록 유도하는 것이 상식이다.

한편 공을 치는 지점에는 바람이 불지 않는데 공이 착지할 지점에는 바람이 부는 경우가 있다. 이런 상황에 대비하여 공을 치기 전에는 항상 목표 지점에 있는 높은 나뭇가지의 흔들림을 통해 바람의 속도와 방향을 유심히 관찰한 뒤 클럽을 결정하는 것이 현명하다.

간혹 어떤 골퍼들은 자기가 공을 조절할 수 있다고 자만하여 바람이 왼쪽에서 오른쪽으로 부는데 드로우 샷(Draw Shot)을 친다거나, 반대로 오른쪽에서 왼쪽으로 부는 바람에 역행한 페이드 샷(Fade Shot)을 구사하는 무모한 플레이를 하기도 한다. 하지만 자연에 순응하여 바람이 부는 방향으로 공을 실어 보낸다면 순리대로 살아가는 자에게 더해지는 커다란 보너스를 받게 될 것이다.

3. 어떻게 치든 공은 페어웨이에 떨어져야 한다

골프는 아주 먼 옛날 스코틀랜드의 목동들이 푸른 초원에서 지팡이로 두더지 굴에 돌멩이를 집어넣은 데서 시작되었다는 이야기가 전해져 오고 있다. 그때는 초원에서 양들이 풀을 뜯어먹고 난 판판한 곳을 페어웨이로 사용했다고 한다.

골프 설계자는 골프장을 한 홀 한 홀 설계하는 동안 나름대로 자신의 특성과 색깔을 집어넣어 코스를 개발한다. 그렇기 때문에 라운딩할 때 홀들이 어떻게 디자인되었는지를 볼 수 있는 안목을 기른다면 골프를 하는 데 훨씬 도움이 될 것이다. 물론 주말 골퍼들은 내 샷이 어디로 갈지도 모르는데 그것까지 신경 쓸 틈이 어디 있느냐고 말할 수 있다. 하지만 이런 생각은 잘못이다. 오히려 스윙과 공의 방향에 자신이 없을수록 더욱더 코스 매니지먼트에 신경 써야 한다.

그림 21. 라운딩할 때 홀들이 어떻게 디자인되었는지를 볼 수 있는 안목을 기른다면 골프를 하는 데 훨씬 도움이 된다.

물론 코스 매니지먼트도 여러 가지 단계가 있다. 하지만 그중에서도 가장 기초 단계는 티 박스에서 그린에 올라갈 때까지 최대한 페어웨이에서만 플레이할 수 있도록 유도해야 한다는 것이다. 이렇게 말하면 마음이야 물론 그렇지만 주말 골퍼들에게 그것이 실질적으로 가능하겠느냐고 반박하는 골퍼들이 많을 것이다. 그러나 좀 더 깊이 생각해 보면 공을 페어웨이 안에 유지하도록 하는 것이 그리 힘든 것만은 아니라는 것을 알 수 있다.

우리는 한 샷 한 샷을 준비하면서 많은 생각을 한다. 그리고는 그 결과에 맞는 클럽을 설정한다. 그런데 대부분의 골퍼들은 클럽 설정에 대해 굉장히 단순한 생각을 갖고 있다. 대체로 공을 멀리 보내려고 하는 욕심과 홀에 붙이겠다는 착각, 파5홀에서 두 번에 퍼팅 그린에 올리겠다는 생각이 그것이다. 그러나 이런 샷들이 원하지 않는 방향으로 갔을 경우에 대한 대비책은 거의 없다.

예를 들어 퍼팅 그린의 오른쪽에 워터 해저드(Water Hazard)가 있는 홀을 공략할 때는 미스 샷으로 공이 설령 오른쪽으로 날아간 다고 해도 물에 빠지지 않고 그린 주위의 페어웨이에 착지할 수 있는 샷을 준비해야 한다. 그러나 대다수의 주말 골퍼들은 거리에 대한 집착 때문에 현재 자신의 실력으로는 과분한 공격적 플레이를 한다. 또 트러블 샷은 전혀 개의치 않고 그저 깃대만 바라보고 치기 때문에 18홀을 돌면서 나오는 잘못된 샷이 페어웨이를 벗어날 때마다 불필요한 벌타를 받거나 어려운 환경에서 샷을 하게 된다. 중요한 것은 본인의 현재 실력을 제대로 파악하여 어떠한 상황에서라도 공이 페어웨이에 안착할 수 있도록 최선을 다 하는 것이다. 그러기 위해서는 우선 자신의 스윙 구질이 슬라이스성인지 훅성인지를 알아야 한다. 그런 다음 A라는 지점에서 B라는 페어웨이 지점에 공을 안착시키기 위해 지금 내 실력으로 쳤을 때 80% 이상 가능성이 있는 클럽을 설정하여 샷을 구사하면 공은 당연히 전보다 더 많이 페어웨이에 안착한다. 현재 많은 골퍼들의 문제는 바로 이런 생각을 미처 하지 못하고 있다는 것이다. 설령 하고 있다 해도 막상 그런 상황에 부딪치면 많은 이들이 마음을 비우지 못하고 또다시 습관대로 함으로써 일을 그르치는 경우가 많다.

사업을 잘하는 사업가들은 어떤 프로젝트를 추진함에 있어 철저한 준비를 한 뒤 수지타산이 맞아야만 그 일을 추진한다. 싱글 골퍼들 역시 이러한 득과 실을 철저히 계산해 본 뒤 매 샷을 결정짓는다. 특히 티 샷을 칠 때는 공이 어떻게 해서든 페어웨이에 떨어지도록 거기에 준한 클럽과 스윙의 방향을 잡고 치기 때문에 주말 골퍼들보다 공이 페어웨이에 안착할 확률이 높다. 그러다 보니 당연히 세컨드 샷도 상대방보다 더 유리한 조건에서 그린을 공략하게 된다. 그러므로 샷을 구사하기 전에는 일단 핸디와 상관없이 이런 생각을 항상 염두에 두고 클럽을 설정하는 습관을 들이는 것이 좋다. 그렇게 되면 그만큼 성숙된 골프를 즐기게 될 뿐만 아니라 싱글로 가는 빠른 길이 열린다.

고속도로를 달릴 때는 비록 그 길이 목표로 가는 지름길은 아니더라도 그에 대한 보상으로 신호등을 피할 수 있고, 일반 도로에서보다 2~3배의 속도를 더 낼 수 있으며 목적지에 더 빨리 도달할 수 있다. 골프에서는 페어웨이가 바로 고속도로라는 것을 알아야 한다. 해저드도 없고, 러프도 없고 장애물도 없고, 잔디도 잘 깎여 있는 곳이 페어웨이라는 것을 모르는 골퍼는 없다. 그러나 그렇게 좋은 페어웨이로 진입하기 위해서는 마음속에 갖고 있는 욕심을 버리고, 냉철하게 자신의 스윙에 맞는 클럽을 설정하여 목표에 따른 방향을 잘 잡고, 편한 마음으로 스윙해야 한다. 이렇게 한다면 시원한 고속도로를 질주할 때의 쾌감을 맛볼 수 있을 것이다.

4. 거리는 핀에서부터 잰다

몇 년 전 마스터즈 골프 토너먼트에서 일어났던 일이다. 당시 세계 랭킹 10위 안에 드는 한 프로 골퍼가 12번째 파5홀에서 친 세컨드 샷이 물에 들어갔다. 공을 핀에서 40야드 선상에 드롭할 수 있었으나 그는 오히려 80야드나 뒤로 물러나 로브 웨지(Lob Wedge)로 핀을 공략했다.

이는 결국 세계에서 날고 뛴다는 프로들도 40야드의 섬세한 샷보다는 80야드에서 풀 스윙할 수 있는 샷을 선호한다는 것을 보여준 것이다. 다시 말해 40야드에서 1/2 스윙이나 1/4 스윙으로 어정쩡하게 스윙하는 것보다 풀 스윙하는 것이 더 안전하다는 말이다. 골프가 직업인 프로의 생각이 이렇다면 주말 골퍼에게 있어 같은 상황에서 어떻게 공략하는 것이 좋은지에 대한 해답은 이미 나왔다고 본다.

가령 380야드 파4홀이 있다고 가정해 보자. 보통 주말 골퍼들이 평균 230야드 정도의 드라이버 비거리를 갖고 있다고 했을 때 그 골퍼는 대충 150야드 세컨드 샷을 하게 된다. 이럴 때는 드라이버를 잡는 것이 당연하다고 할 수 있다. 그렇다면 이제 같은 골퍼가 500야드 파5홀을 어떻게 공략해야 하는지를 살펴보자. 드라이버를 230야드 쳤다고 하면 대략 270야드가 남는다. 이제 관건은 어떤 클럽으로 세컨드 샷을 쳐야 하는가다. 물론 여기에도 여러 가지 요소가 작용하겠지만 일단 괜찮은 라이라면 여기서부터 갈등이 생기기 시작한다. 190야드 정도의 거리를 5번 우드로 가볍게 보내면 풀 샌드 웨지(Sand Wedge) 거리인 80야드가 남는다. 그러나 3번 우드로 풀 스윙하여 210 정도 보내면 60야드에서 세 번째 샷을 치게 된다. 확률적으로 봤을 때 과연 어떤 샷이 이 홀에서 파나 버디를 잡고 나올 수 있는 확률이 더 클까? 물론 정답은 5번 우드로 세컨드 샷을 친 골퍼라는 것을 알아야 한다. 언제나 풀 스윙 거리에서 샷을 구사해야만 실수를 줄일 수 있다. 설령 3번 우드로 친 결과 홀에 20야드 정도 더 가까워졌을지는 모르지만 공을 핀에 붙이는 데는 80야드에서 풀 스윙하는 것이 60야드에서 3/4 스윙하는 것보다 훨씬 유리하다.

그렇기 때문에 특히 파5홀에서는 거리를 핀에서부터 거꾸로 재는 전법을 사용하는 것이 좋다. 일단 드라이버를 치고 그 다음을 계산하는 것이 아니라 파5를 두 번에 올릴 수 있는 확률이 70% 이하라면 일찌감치 세 번에 그린에 올리겠다는 작전을 써야 한다는

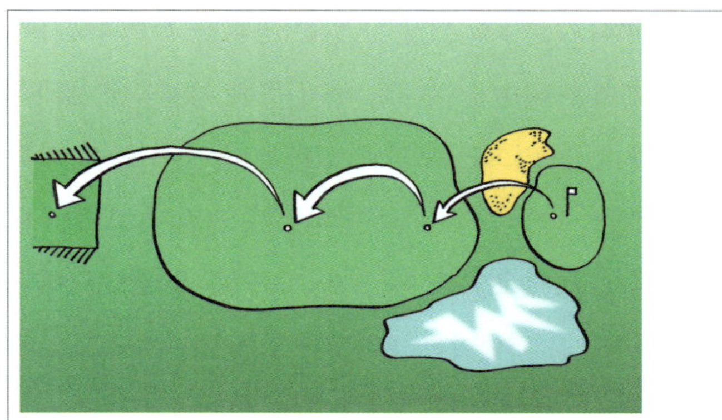

그림 22. 파5홀에서는 거리를 핀에서부터 거꾸로 재는 전법을 사용하는 것이 좋다.

것이다. 티 샷이 상대방보다 많이 앞으로 나갔다고 속으로 내심 우쭐하거나 마치 벌써 이긴 것처럼 방심하지 말고 그 다음 세컨드 샷을 어떤 클럽으로 쳐서 세 번째 만에 공을 퍼팅 그린에 잘 안착시킬 수 있는지를 연구해야 한다.

골프는 공이 홀에 들어가기 전까지는 아무도 속단할 수 없는 운동이다. 270야드 비거리의 드라이버 샷이나 2피트 퍼트나 모두 같은 한 타라고 보면 된다. 270야드를 보냈다고 자만하지 말고, 어프로치 샷을 풀 스윙으로 할 수 있도록 거리를 거꾸로 재는 습관을 길러 자신 없는 반 스윙으로 실수를 범하는 오류를 방지하는 것이 중요하다.

우리는 그저 공을 홀에 좀 더 가깝게 보내기 위해서 혼신을 다한다. 그러나 결정적인 순간에 숏 게임 실수로 다 잡은 대어(大漁)를 놓치는 경우가 많다. 250야드를 칠 수 있는 장타라고 으쓱하다가 그만 60야드짜리 짧은 피칭을 제대로 하지 못해 머릿속에 새(?)를 그리다 어퍼컷을 한방 먹고는 보기로 꼬리를 내린다. 이럴 때는 '모든 이들은 세상을 바꾸는 일에 몰두해 있다. 그러나 그 누구도 자신을 바꿀 생각은 하지 않는다' 라는 톨스토이의 말을 생각하면서 더 이상 같은 실수를 되풀이하지 않도록 코스 매니지먼트를 해야 할 것이다.

5. 첫 퍼팅은 오르막 퍼팅이 되도록 준비한다

어떤 일을 하기 전에 얼마나 준비하고 계획하느냐에 따라 불필요한 시간과 비용을 절약할 수 있다. 2주 전에 비행기를 예약한 것과 하루 전에 예약하는 것에는 커다란 차이가 있다. 미리미리 예약했다면 여행자가 원하는 시간에 원하는 자리에 앉아 저렴한 가격에 편안한 여행을 즐길 수 있다. 반대로 갑작스러운 예약은 많은 비용을 들이면서도 여러 가지 불편함을 감수해야 할 때가 많다. 골프도 마찬가지다. 매 홀, 매 샷을 준비함에 있어 홀 아웃할 때까지를 미리 머릿속으로 계획하여 샷을 구사하면 자신이 원하는 골프를 할 수 있다. 물론 프로처럼 샷을 원하는 방향으로 컨트롤할 수 있는 확률이 적은 주말 골퍼라 해도 아무 계획 없이 라운딩을 할 때보다는 훨씬 성숙된 골프를 할 수 있다.

지금까지 티 샷은 페어웨이의 가장자리를 이용하여 2배 이상으

그림 23. 그린에서의 첫 퍼팅은 업 힐로 공략할 수 있게 최선을 다해야 한다.

로 사용해야 하고, 세컨드 샷은 공이 페어웨이를 벗어나지 않는 한 도 내에서 최대한 트러블을 피하는 방향으로 공략해야 하며, 파5에 서는 생각을 바꾸어 세 번째 샷을 그린에 올리기 위한 샷으로 쳐야 한다고 밝혔다. 이제부터는 공이 그린 언저리에 도달했을 때 숏 게 임을 어떻게 진행해야 하는지를 살펴보자.

여러 번 언급했듯이 퍼팅은 골프에서 가장 많은 비중을 차지하 는 중요한 부분이다. 주말 골퍼나 하이 핸디캡퍼들은 특히 퍼팅에 약하다. 게다가 공이 경사진 곳에서 핀의 위쪽에 위치해 있으면 자 동적으로 3퍼트 이상을 할 때가 많다. 높은 핸디도 결국은 퍼팅에 서 오는 경우가 많다. TV를 통해 종종 프로들도 3피트에서 3퍼트를 하는 것을 볼 수 있듯이 퍼팅을 줄이기 위해서는 많은 노력을 해야 한다. 특별히 피칭과 치핑을 할 때는 먼저 홀 주위의 경사를 미리 읽고 치핑 후의 퍼팅은 업 힐 퍼트(Up Hill Putt)가 될 수 있도록 계획해 그렇게 되도록 최선을 다해야 한다. 주로 3퍼트는 거리를 조절하기 힘든 다운 힐(Down Hill)에서 많이 나오기 때문에 가능하면 이런 샷을 치지 않으려고 노력해야 한다. 치핑도 롱 퍼팅한다는 생각으로 홀 반대편에서 그린의 경사를 보고 공이 정지했을 때 홀 아래쪽에 놓이게 만들어야 한다. 어떤 골퍼들은 성격이 급해서, 또 어떤 골퍼들은 귀찮아서, 또는 잘 몰라서 이런 과정을 무시하고 그냥 치핑에 들어가는 것을 많이 보게 된다. 그러나 무조건 홀에 공을 집어넣겠다는 집착이 자신이 원하는 방향과는 다른 곳으로 볼을 가게 함은 두말할 나위도 없다.

항상 그린에서의 첫 퍼팅은 업 힐로 공략할 수 있게 최선을 다해야 한다는 것을 잊어서는 안 된다. 물론 긴 세컨드 샷이 올라간 경우에는 그리 쉽게 컨트롤되지 않겠지만 그린 언저리에서 치핑으로 올릴 경우에는 이를 반드시 기억하고 실천해야 한다.

6. 러프 샷 대처 방법

경쾌한 티 샷을 날린 뒤 공이 페어웨이에 떨어지면 굉장히 기분이 좋다. 그러나 반대로 일단 공이 페어웨이를 벗어나 다른 곳에 착지하면 세컨드 샷을 치기도 전에 벌써부터 기분이 나빠진다. 그러나 공은 잘 쳤는데 그쪽 방향을 향해 서서 그렇게 된 것인지, 아니면 방향은 잘 잡았는데 클럽 페이스가 열려 맞아서 오른쪽으로 휘었는지, 임팩트 시 방향과 클럽 면은 잘되었는데 클럽 페이스가 아웃사이드 인 스윙을 했는지는 파악하려 하지 않고 그저 잘못 나간 공만 바라보면서 투덜대는 경우가 대부분이다.

몇 년째 세계 랭킹 1위를 고수하고 있는 타이거 우즈도 지난 마스터즈 대회에서 드라이버 샷이 망가져 왼쪽 오른쪽 러프에서 대가다가 결국 저조한 성적을 낸 적이 있다. 이처럼 사람은 누구나 실수를 한다. 문제는 실수를 한 뒤의 마음가짐이다. 실수를 실수로

끝내느냐 아니면 그 실수를 거울삼아 다음 샷을 연구해서 치느냐
는 본인의 결단에 달려 있다. 여기서는 일단 그런 실수로 공을 러
프에 떨어뜨렸을 때는 어떻게 대처해야 하는지를 집중적으로 살
펴보도록 하겠다.

러프에서는 공에 스핀이 잘 걸리지 않는다

공이 페어웨이 안에 들어오지 않으면 일단 사고로 생각하고 머
릿속에 빨간 불을 켜고 조심스럽게 다음 샷을 준비해야 한다. 공의
라이는 좋은지, 잔디가 공을 얼마나 가리고 있는지, 잔디 사이는 얼
마나 촘촘히 심어져 있는지, 거리는 얼마나 보내야 하는지 등등을
살핀다.

그런데 공이 러프에 떨어졌을 때 왜 그리 호들갑을 떨어야 하는
가. 우선 공의 딤플(Dimple)은 임팩트 시 클럽 면에 가로로 파여져
있는 여러 줄들에 맞물리면서 공에 백 스핀과 사이드 스핀(Side
Spin)을 준다. 백 스핀은 공에 스핀을 주면서 공을 앞으로 보내 주
고, 사이드 스핀은 공을 왼쪽이나 오른쪽으로 휘어지게 한다.

그런데 공이 러프에 들어가면 임팩트 시 공과 클럽 사이로 잔디
가 걸리면서 공에 스핀을 주는 것을 방해한다. 다시 말해 클럽 면
에 두꺼운 천을 둘둘 감아 공을 친다고 생각하면 된다. 러프에서
공을 칠 때는 아래의 상황을 참고하여 클럽을 설정해 보도록 하자.

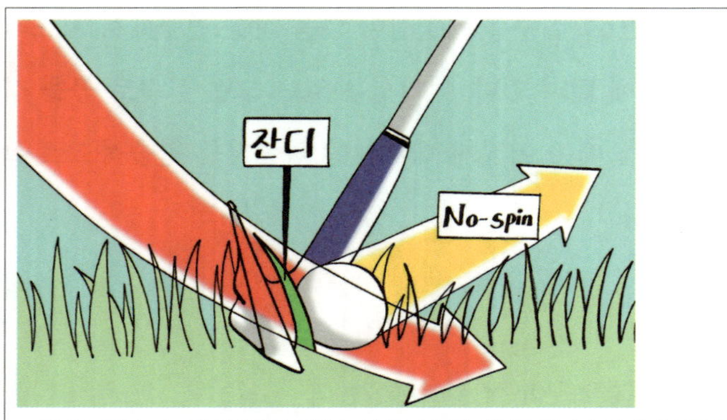

그림 24. 공이 러프에 들어가면 임팩트 시 공과 클럽 사이로 잔디가 걸리면서 공에 스핀을 주는 것을 방해한다. 다시 말해 클럽 면에 두꺼운 천을 둘둘 감아 공을 친다고 생각하면 된다.

① 이 상황에서는 공에 스핀이 잘 걸리지 않으므로 평상시만큼 공이 높이 뜨지 않는다. 일례로 얼마 전 필드 레슨을 하던 중 파5 홀에서 공교롭게도 나와 상대의 티 샷이 모두 왼쪽 러프에 빠진 적이 있다. 다행이 스윙하는 데는 지장이 없었지만 약 15야드 전방에 나무들이 버티고 서 있었다. 키가 그리 크지는 않았지만 나뭇가지들이 문제였다. 일단 페어웨이라면 5번 우드로도 충분히 띄울 수 있었겠지만 공이 러프에 있었기 때문에 나는 일단 7번 아이언으로 공을 페어웨이로 안전하게 빼냈다. 내 파트너도 공을 쳤는데, 간신히 나무 위를 아슬아슬하게 지나갔다. 어떤 클럽으로 쳤느냐고 물었더니 그는 머리를 긁적이면서 라이가 괜찮아서 5번 아이언으로 쳤다고 했다. 다행히 공은 넘어갔지만 그런 무리한 선택이 별로 좋지 않다는 것은 두말할 나위도 없

다. 일단 안전하게 공을 빼내기로 했다면 10야드 정도 거리를 잃더라도 넉넉하게 빠져나오도록 치는 여유가 필요하다.

② 참고로 새벽이나 비가 오는 날 라운딩을 할 때 공이 젖어 있으면 임팩트 시 공과 클럽 사이에 물이 영향을 주어 스핀이 덜 걸려 공이 뜨는 데 지장을 준다. 이런 상황에서도 러프에서 치는 것처럼 3번 우드로 치려 하지 말고 5번이나 7번 우드로 친다.

③ 또한 위에서도 설명했듯이 임팩트 시 사이드 스핀도 평상시보다 없거나 많이 줄어들기 때문에 공에 스핀을 주어 의도적으로 공을 돌리려는 생각은 하지 않는 것이 좋다. 물론 첫 번째 러프 정도의 가벼운 곳에 착지해 있다면 어느 정도 가능하지만 페어웨이에서 치는 것만큼 공이 돌지 않는다는 것을 알아야 한다.

④ 공이 아주 깊은 러프에 빠져 있으면 공을 맞힌다 해도 주위의 잔디 때문에 공이 멀리 가지 않으므로 가능하면 빨리 웨지 정도로 일단 페어웨이로 빼내는 것이 상책이다. 그러나 공이 첫 번째 러프에 가볍게 빠져 있으면 임팩트 시 공에 스핀이 걸리지 않아서 평소보다 더 멀리 굴러가므로 클럽을 평소보다 한 클럽 덜 잡아야 한다. 이런 것을 플라이어 샷(Flier Shot)이라고 하는데, 그만큼 백 스핀을 줄 수 없어서 거리 조절도 잘 안 되고, 정확성도 떨어진다. 그래서 싱글 골퍼 이상의 실력자들은 공이 페어웨이를 벗어날 때마다 러프의 정도에 따라 1/5~1/3타를 잃는다고 한다(참고 : p.49 비거리 콤플렉스).

⑤ 공이 러프에 깊이 빠졌을 때는 클럽이 잔디에 걸려 돌아가면서

클럽이 많이 닫히게 되어 왼쪽으로 날아갈 수 있다. 그러므로 이때는 가능하면 공을 평상시보다 약간 오른발 쪽에 두어(오른손잡이 골퍼일 경우) 클럽이 내려오면서 공을 먼저 치도록 급히 내리는 샷을 구사해야 한다.

⑥ 마지막으로 공이 그린 주위의 깊은 러프에 빠졌을 때는 벙커 샷과 같은 샷을 구사해야 한다. 다시 말해 자세는 오픈 스탠스(Open Stance, 깃발의 왼쪽을 보고 서지만 클럽 면은 깃대를 보고 있는 자세)로 공의 2~3인치 뒤를 힘껏 쳐 올려야 한다.

7. 멘탈 골프 총정리

그저 막연하게만 느껴졌던 멘탈 골프가 이 책을 통해 좀 더 구체적으로 인지되고 적용되어 실질적인 효과를 보게 되었으면 하는 바람이 크다. 건강을 유지하기 위해서는 적절한 운동을 하고, 건강식품을 섭취하고, 건전한 생각을 해야 하듯이 건강하고 올바른 골프를 즐기려면 총체적인 골프를 구사할 줄 알아야 한다. 총체적인 골프란 '골프 내면에 흐르는 질서를 파악하는 훈련(게임 인식)', '골프장 주변의 환경 인식 훈련(코스 인식)', '골퍼 자신을 깨닫는 훈련(골퍼의 인식)' 이렇게 3가지 분야로 크게 나누어 볼 수 있다. 이 3분야에 숨겨져 있는 많은 법칙들을 정확하게 파악하고 이해하여 실전에 사용할 수 있을 만큼 자기 스스로 꾸준히 훈련하려는 열정이 있다면 머지 않은 미래에 멘탈 게임을 마스터하고 멋진 골프를 구사할 수 있을 것이다. 물론 이런 과정을 거쳐 준비된 골퍼들은 이미 싱글 골퍼가 되어 있거나 짧은 시간에 싱글 골퍼가 될 가능성이 높다고 할 수 있다.

연습장에서 무작정 많은 시간을 드라이버 연습에 투자한다고 해서 핸디가 뚝뚝 떨어지지는 것은 아니다. 여기서 소개하는 내용들을 숙지하여 자신의 것으로 소화한다면 그것이 곧바로 핸디에 놀라운 영향을 미친다. 그동안 많은 학생들을 가르치면서 직접 보아 왔기에 여러분들께 자신 있게 권하는 것이다.

언젠가 가르쳤던 한 학생은 스윙에 늘 자신이 없고 불안한 가운데 90대와 100대에 머물러 있었다. 그러던 중 단지 템포 한 가지를 이해함으로써 불과 몇 개월 만에 핸디가 12개 정도로 떨어져 필자와 학생 모두를 놀라게 했다. 일주일에 한두 번 정도 연습장에서 연습을 하고, 한 달에 한두 번 골프장을 찾아 스윙 템포를 중점적으로 연습했는데, 그렇게 짧은 시간 내에 좋은 결과를 볼 수 있었다. 여기에 숏 게임과 퍼팅에도 조금 관심을 갖고 손을 본다면 싱글 골퍼가 되는 것은 시간 문제다.

이제 멘탈 게임은 더 이상 추상적이며 뜬구름 잡는 이야기가 아니다. 필자는 이 책을 통해 그동안 많은 골퍼들이 그 중요성을 느끼고는 있으면서도 막상 구체적으로는 어떻게 해야 할지를 몰라 답답해했던 멘탈에 대해 그동안 연구한 것들을 실어 놓았다. 특히 멘탈을 실전에 바로 적용하여 스코어에 직접적인 도움을 줄 수 있는 정보들이 실려 있다. 이 3분야(게임, 코스, 자기 자신) 안에서 돌아가는 법칙들을 잘 이해하고 소화하여 내 것으로 만들어 놓으면 짧은 시일 안에 많은 시간을 투자하지 않고도 싱글 골퍼가 될 수 있을 거라 확신한다. '아는 것이 힘'이라는 말이 있듯이 골프를 잘하기 위해서는 거기에 필요한 많은 것을 알고 있어야 한다. 새로 시장에 나온 골프 클럽들을 많이 아는 것보다 현재 갖고 있는 드라이버의 각도가 자신의 스윙과 실력에 얼마나 적합한지를 아는 것이 더 중요하다. 여러 곳의 골프장 이름을 줄줄 외우기보다 한 골프장이라도 코스가 어떻게 설계되어 있고, 또 어떤 식으로 18홀을 공략해야 좋은 스코어를 낼 수 있는지를 연구하는 자세가 더 필요하다. 버디를 한 홀보다는 더블과 트리플을 범한 홀과 그 원인을 분석하여 똑같은 실수를 줄이면서 실력 향상을 위해 끊임없이 배우고 연구해 모든 것을 나의 것으로 만들려는 자세가 필요하다. 바로 이것이 골프를 경제적이고 효율적으로 치면서도 실력을 쉽게 향상시킬 수 있는 지름길이다.

골프 게임을 이해하는 데 있어 중요한 것들이 많으나 그중에서도 필자가 중요하다고 생각하는 7가지를 정리해 보았다.

① 멘탈 게임의 중요성을 받아들일 수 있는 열린 마음을 갖는다.
② 스윙은 몸통으로 팔을 끌어당긴다는 느낌으로 한다.
③ 스윙 템포는 항상 연습처럼 편하고 유연한 스윙을 구사할 수 있도록 한다.
④ 티 샷을 할 때는 거리가 긴 클럽보다는 공을 페어웨이에 잘 보낼 수 있는 클럽을 설정한다.

⑤ 퍼팅 연습은 하이 핸디일수록 많이 해야 한다.

⑥ 치핑을 할 때는 그린에서 오르막 퍼팅을 할 수 있는 위치에 공을 떨어뜨리는 생각으로 한다.

⑦ 70% 이상의 확률이 있는 샷만을 구사하도록 노력한다.

이 책의 첫 장에서 패러다임을 바꿔야 한다고 말한 것을 독자들은 기억할 것이다. 지금까지 자신의 고집과 생각으로 몇 년 동안 골프를 해 왔지만 아직까지 보기 게임에서 벗어나지 못하고 있다면 이제는 새로운 개념과 생각으로 골프를 해 볼 것을 권한다. 그 동안 많은 골퍼들이 수많은 시간을 들였음에도 불구하고 효율적인 골프를 배우지 못하고, 실력도 어느 정도 선에서 정체되어 더 이상 향상되지 않고 있다고 말하는 사람들을 많이 보아 왔다. 이 책은 바로 그런 골퍼들에게 진정한 도움이 되기를 바라는 마음에서 준비했다. 이제 더 이상 싱글 골퍼가 되기 위해 많은 경비와 시간을 낭비하지 말고 가정의 행복도 지켜 가면서 싱글에 도전하자. 이 책이 바로 당신에게 그런 등대 역할을 해 주고, 새로 골프를 배우는 이들에게는 지름길로 가는 좋은 가이드가 되기를 바란다.

숏 게임과 퍼팅 테크닉

1. 테크닉만으로는 싱글 골퍼가 될 수 없다

산호세에 근접한 골프 연습장에 가 보면 90%에 달하는 골퍼들이 투혼을 다해 땀방울을 뚝뚝 흘리면서 스윙 연습을 하고 있는 모습을 쉽게 볼 수 있다. 이와는 대조적으로 간혹 한두 명은 연습에 지쳐 있기도 하고, 혹은 크게 마음먹고 숏 게임 연습을 하는 모습도 볼 수 있다.

숏 게임과 퍼팅 수를 전체 점수에 비교해 보면 대략 70% 이상을 차지한다. 그러나 많은 골퍼들이 연습 시간의 90%를 숏 게임과 퍼팅을 뺀 나머지인 30%에 투자하고 있는 것이다. 그렇다면 이제 왜 90%에 달하는 골퍼들이 보기 게임 정도의 수준에 머무르고 있는지 알고도 남을 것이다. 싱글 골퍼가 꿈이라면 퍼팅과 치핑 연습에 70%를 할애해야 한다는 것은 당연한 논리다.

그림 25. 자아 인식과 환경 인식, 게임 인식을 몸에 부지런히 익혀 테크닉과 멘탈 골프의 기초를 다져 놓아야만 좋은 스코어를 낼 수 있다.

그런데 여기서 언급하지 않은 것이 있는데, 바로 멘탈 게임의 중요성이다. 연속해서 파 행진을 하다가 잠깐의 실수로 트리플 보기라도 하나 저지르면 그 다음 홀부터는 점수가 엉망이 된다. 오늘은 정말 좋은 기록을 낼 것 같은 예감에 매 샷 신경을 곤두세우고 점수에 몰입하다가 이렇게 한 홀을 망쳐 버리면 잔뜩 기대했던 꿈이 깨지면서 그 실망감에서 헤어 나오지 못하게 된다.

이와 반대로 기대하지도 않았던 버디를 얼떨결에 잡고는 그 흥분된 마음을 가누지 못해 다음 홀에서 버디 값을 치른 경험도 많을 것이다. 어디 그뿐인가. 코스 매니지먼트에 실패한 결과 드라이버를 잘 치고도 연못에 빠뜨리거나 벙커와 워터 해저드를 무시한 채 공략하다가 더블이나 트리플 보기로 맥없이 무너진 경험도 많을 것이다.

골프를 자동차에 비교하자면 풀 스윙 테크닉 교정은 엔진의 툰 업과 비교할 수 있다. 툰 업이 잘된 자동차는 차가 달리는 데 도움을 주지만 툰 업이 안 되었다고 해서 고속도로에서 70마일의 속도로 달리는 데 큰 지장을 주는 것은 아니다. 오히려 아무리 툰 업이 잘된 자동차라도 타이어에 바람이 덜 들어갔다거나 트랜스미션 오일이 부족하다거나 라디에이터의 물이 부족하면 잘 달릴 수가 없다. 마찬가지로 신나게 드라이버를 치는 연습도 중요하지만 숏 게임과 퍼팅 연습도 게을리해서는 안 된다. 또한 자아 인식과 환경 인식, 게임 인식을 몸에 부지런히 익혀 테크닉과 멘탈 골프의 기초를 다져 놓아야만 좋은 스코어를 낼 수 있다.

일례로 필자가 가르치는 학생들 가운데도 스윙 테크닉은 정말 싱글 수준이지만 점수는 항상 90대 초반에 머물러 있는 학생이 있다. 반면 불과 6개월 전만 해도 100을 넘게 쳤었는데 숏 게임과 퍼팅에 많은 시간을 할애하고 위에서 언급한 3가지 인식에 주력한 결과 7번 아이언의 비거리는 130야드 정도밖에 안 되도 핸디는 12개로 떨어뜨린 학생도 있다.

타이거 우즈가 370야드의 비거리를 냈고, 미셀 위가 300야드의 비거리를 냈다는 말만 듣고 모두가 비거리의 환상에서 헤어 나오지 못하고 있는 현실이 아쉽기만 하다. 그들이 그렇게 유명해진 것은 결국 드라이버 못지 않게 숏 게임과 멘탈 게임에 대한 준비가 있었기에 가능했다는 것을 간과해서는 안 된다.

2. 숏 게임, 왜 중요한가?

우리는 가끔 고속도로를 달리다가 잠깐 정신을 판 사이에 미처 가려던 차선으로 들어가지 못하고 원하는 출구마저 놓칠 때가 있다. 그렇게 되면 다시 원래의 목적지를 찾기 위해 많은 시간을 소비해야 한다. 더군다나 약속 시간이 촉박한 상황에서 이런 일이 생기면 정말 짜증이 난다. 그 잠깐의 소홀함이 결국 짧게는 5분에서 길게는 30분 이상의 시간을 잡아먹고 마는 것이다.

비슷한 맥락에서 골프의 숏 게임을 이야기해 보자. 아무리 한 홀에서 드라이버나 세컨드 샷을 잘 쳤다고 해도 한순간의 실타로 그때까지 잘해 왔던 노력이 물거품이 되는 수가 있다. 그렇게 되면 파는커녕 보기만 해도 다행인 경우로 상황이 바뀌어 버린다. 그런데다 같은 홀에서 첫째, 둘째 샷을 모두 헤매는 것 같았던 상대 골퍼가 어찌된 일인지 피칭으로 공을 홀 주위에 착지시켜 파를 잡기

그림 26. 주말 골퍼들은 목표를 핀이 아닌 퍼팅 그린의 중간을 보고 홀을 공략하는 것이 가장 안전하다.

라도 한다면 완전히 김이 새고 상대 선수가 야속하게 느껴지기까지 한다. 골퍼라면 누구나 한두 번쯤은 이런 경험을 해 보았을 것이다.

이렇게 서투른 치핑이나 피칭은 공든 탑을 무너뜨리면서 정신적으로도 큰 영향을 미친다. 그야말로 겉으로는 남지만 속으로는 밑지는 장사인 것이다. 그러나 숏 게임을 잘하는 골퍼들은 게임을 실속 있게 운영하면서 상대방의 기를 죽여 놓을 때가 많다. 이처럼 숏 게임은 마치 약방의 감초처럼 별로 중요한 것 같지 않지만 홀마다 반드시 필요하고, 또 마스터해 두어야 할 중요한 샷이다. 그렇다면 숏 게임에는 어떤 것들이 있으며 또 어떻게 공략해야 하는지를 살펴보자.

우선 숏 게임이라 함은 핀에서부터 90야드 안에 있는 위치에서 공략하는 것으로, 대체로 피칭과 치핑으로 나눌 수 있다.

피칭을 할 때 주말 골퍼들이 잊지 말아야 할 것은 프로 골퍼를 흉내내려고 홀의 핀만 보고 공략해서는 안 된다는 것이다. 예를 들어 피칭으로 핀에 3~4야드까지 붙일 수 있을 정도의 실력이 아니라면 목표를 핀이 아닌 퍼팅 그린의 중간을 보고 홀을 공략하는 것이 가장 안전하다. 물론 이상적인 피칭 샷은 핀의 위치와 주변 그린의 경사를 관찰한 뒤 언제나 핀 아래쪽으로 공을 정지시키는 것이다. 그러나 대부분의 하이 핸디 골퍼는 그 정도의 정확한 샷을 구사할 수 없기 때문에 가장 안전하고 편안한 방법인 그린 한가운데를 목표로 피칭하여 공이 그린에 오를 확률을 높이는 것이 최상이다. 일단 이렇게 해서 공이 퍼팅 그린에 오르면 다시 불필요한 치핑을 하지 않아도 되기 때문에 그것으로 인해 일어날 수 있는 실수를 미연에 방지할 수 있다. 그러면 자연히 실수가 적어져 스코어도 좋아진다. 물론 보기 골퍼라도 숏 게임 감각이 있다면 핀에 좀 더 가까이, 그러나 핀의 아래쪽으로 공략하면 더욱 좋은 스코어를 기대할 수 있다.

피칭 방법에는 여러 가지가 있으나 초보자에게 권하고 싶은 방법은 약간 어깨를 열고(오른쪽 어깨가 타깃 쪽을 본 상태) 공은 양발 한가운데에 놓는 것이다. 보내고자 하는 거리의 감이 잡힐 때까지 연습 스윙을 몇 차례 한 뒤 준비가 됐으면 스윙을 한다. 스윙하는 동안에는 공을 끝까지 보아야 미스 샷이 덜 나온다. 보통 피칭 웨지로 100야드를 보낸다면 80야드는 3/4 스윙을, 60야드는 1/2 스윙을, 40야드는 1/4 스윙을 생각하고 치면 된다.

치핑은 대체로 핀에서 30야드 안쪽에, 그러나 퍼팅 그린 바깥쪽에 있는 공을 7번 아이언에서 샌드 웨지까지의 짧은 클럽을 이용하여 핀을 중심으로 3~5피트 안에 들어오도록 치는 샷이다. 물론 궁극적으로는 치핑으로 볼을 홀에 붙여 한 번의 퍼트로 펏 아웃하여 실수를 메우는 데 그 의미가 있다고 볼 수도 있다. 치핑을 잘하면 그 홀에서 잘 치지 못했던 몇 샷의 실수를 한꺼번에 만회할 수 있다. 이처럼 한 번의 좋은 치핑이 계기가 되어 게임의 흐름을 내리막에서 다시 오르막으로 바꿀 수 있다. 그러나 치핑 실력이 부족하면 상황은 이와 반대가 된다. 한두 샷 잘 치고도 치핑을 못해 그린 주변까지 잘 오고도 더블 보기나 트리플 보기로 갈 수 있으므로 초보자일수록 치핑 연습을 많이 해 두어야 한다.

매 샷을 할 때마다 연습 스윙을 하지만 특히 치핑처럼 풀 스윙이 아닌 짧은 스윙을 할 때는 평소에 충분히 연습이 안 되어 있는 상태이기 때문에 그 샷이 몸에 익숙해질 때까지 연습한 뒤에 시행하는 것이 바람직하다.

치핑하는 데도 여러 가지 방법이 있다. 위에서도 밝혔듯이 그중에서도 특히 초보자에게 권하고 싶은 방법은 어깨를 약간 열고(오른쪽 어깨가 타깃 쪽을 본 상태) 공은 오른발에서 약 2인치 정도 앞에 놓는 것이다. 보내고자 하는 거리의 감이 잡힐 때까지 연습 스윙을

그림 27. 공을 끝까지 보아야 한다. 클럽이 공을 맞힌 뒤 한 1초 동안 고개가 계속 임팩트 된 곳을 주시해야 미스 샷을 피할 수 있다.

몇 차례 한 뒤 준비가 되면 스윙한다. 이때 유의해야 할 점은 공을 끝까지 보아야 한다는 것이다. 클럽이 공을 맞힌 뒤 한 1초 동안 고개가 계속 임팩트 된 곳을 주시해야 미스 샷을 피할 수 있다. 치핑이 좀 더 익숙해지면 하늘 위로 높이 띄우는 로브 샷(Lob Shot)을 연습할 수 있다. 이때는 샌드 웨지를 오픈된 자세에서 클럽 페이스가 목표를 향하게 놓고 치면 된다. 그러나 이 샷은 실전에서 행하기 전에 많은 연습을 해 두어야 한다.

한 가지 더 덧붙이자면, 공을 띄우는 것보다는 굴려서 거리를 맞추는 것이 쉬우므로 공을 항상 고른 퍼팅 그린 위에 올린 뒤 나머지 핀까지는 굴려 보낸다는 생각으로 클럽을 선정해야 한다. 공의 비거리는 날아간 거리(Carry)와 굴러간 거리(Roll)를 더하여 계산한

다. 예를 들어서 피칭할 때 8번 아이언의 캐리가 3야드라면 롤은 10
야드 정도로 약 3배 더 굴러가고, 피칭은 캐리가 5야드에 롤이 5야
드 정도 되며, 샌드 웨지는 캐리가 5야드일 때 롤이 2.5야드밖에 안
된다는 것을 미리 알아두면 클럽 선정에 큰 도움이 될 것이다.

3. 퍼팅, 왜 이리 힘들고 어려운고!

오랜 세월 골프를 하면서 자세히 관찰해 본 결과에 의하면 퍼팅의 중요성은 퍼팅 타수가 상대적으로 많은 하이 핸디캡퍼보다는 어느 정도 퍼팅을 잘하는 수준급 골퍼들이 더 많이 느낀다는 것을 알 수 있다. 그만큼 퍼팅에는 연륜과 기량을 넘어선 그 무언가가 있기 때문이다. 한마디로 퍼팅은 그 어느 샷보다도 더 많은 정신력의 집중을 필요로 한다.

숏 퍼트를 기브받고 싶어하는 이유

일반 골퍼들은 이해하기 어렵겠지만 샷에 관한 한 날고 긴다는 세계 최정상급 프로들이 가장 두려워하는 샷은 비좁은 페어웨이를 향해 치는 드라이버도 아니고, 내리막길 언덕에서 조심스레 쳐야 하는 세컨드 샷도 아니며, 벙커를 전방에 두고 앞에 박힌 핀을 공략해야 하는 절묘한 피칭도 아닌 홀 위쪽에서 빠른 내리막길에 당면한 3피트짜리 퍼팅 샷이라고 한다. 당연히 집어넣어야 할 샷이다 보니 긴장하지 않을 수가 없는 것이다. 밑져도 본전이 아니라 잘해야 본전이기 때문에 골퍼들의 피를 말리는 순간이라 하겠다. 그런데 이런 상황은 꼭 프로 골퍼가 아니더라도 몇 번의 라운딩을 해 본 골퍼라면 누구나 공감할 것이다. 특히 짧은 거리를 남겨 놓은 상황에서 자칫 잘못했다가는 쓰리 퍼트(Three Putt)까지 하기 쉽기 때문에 이럴 때는 누가 그냥 김미(Gimme)*를 부르지나 않나 내심 상대방의 눈치를 살피기도 한다.

입스(Yips)는 모든 골퍼들의 악몽

골프 용어 가운데 생크(Shank)와 입스(Yips)는 골퍼들이 가장 두려워하면서도 싫어하는 용어다. 생크란 풀 스윙 시 임팩트 순간 클럽과 샤프트(Shaft)가 연결된 부분에 공이 맞아 급히 오른쪽으로 빠지는 샷을 말한다. 입스는 3피트짜리 짧은 퍼트에서 자신감을 잃어

---

* 김미(Gimme) : 공이 홀 컵에 매우 가까이 있어 퍼팅을 하면 틀림없이 들어갈 수 있다고 간주해 한 타로 인정하는 퍼팅 스트로크. 어원은 Give me이며 일반적으로 공이 퍼터의 손잡이 내에 있으면 원 퍼트로 인정. 이때 상대방은 O.K 또는 Good이라는 표현을 한다.

계속 짧은 퍼팅을 놓치는 것을 말한다. 세계적으로 유명한 골퍼인 톰 왓슨(Tom Watson)과 버날드 랭어(Bernhard Langer)도 바로 이 입스 때문에 많은 고생을 했다. 특히 독일 최고의 골퍼인 버날드 랭어는 퍼팅 그립을 수 차례나 바꾸면서까지 입스에서 빠져나오려고 애쓰기도 했다. 몇 년 전 미국과 유럽 대표 선수들이 2년에 한 번씩 겨루는 라이더스컵 대회 마지막 날에는 4피트짜리 퍼팅을 놓치는 바람에 미국 팀에게 우승컵을 넘겨준 장본인이기도 하다. 이처럼 세계 정상급 프로들도 잘 넘어지는 것을 보면 퍼팅이 얼마나 정신적인 것인지를 알 수 있다.

핸디의 40% 이상은 퍼팅 점수

그렇다면 퍼팅은 스코어에 어떤 영향을 미치는지 생각해 보자. 한 골프 코스를 돌면서 매 홀 평균 2타씩만 퍼팅한다고 해도 총 36타를 치게 된다. 이때 90을 치는 골퍼에게는 퍼팅이 전체 점수의 40%를 차지하고, 80을 치는 골퍼에게는 전체 점수의 거의 반이 퍼팅에 이용된다고 볼 수 있다. 점수를 계산할 때 250야드의 장타도 1타이고 3피트짜리 짧은 퍼트 또한 1타다. 이렇게 보면 정말 불공평하다. 그러나 바로 그 속에 골프의 묘미가 숨어 있다. 쉬운 것 같으면서도 어렵고, 잡은 것 같은데 잡히지 않는다. 결국 오랜 시간을 투자하며 연습한 장타도 짧은 퍼트를 잘하지 못하면 핸디를 떨어뜨리는 데 별로 큰 효과를 보지 못한다. 통쾌한 장타와 절묘한 세

컨드 샷, 멋진 기교의 치핑으로 완벽하게 마무리했다 해도 순간의
실수로 짧은 퍼팅을 놓쳐 쓰리 퍼트로 버디를 바라보다 보기라도
하게 되면 그때까지 쌓아 왔던 공든 탑이 한순간에 무너져 내린다.

퍼팅, 가장 중요하지만 가장 연습에 소홀하다

이렇게 18홀을 돌면서 가장 많이 사용하고, 또 전체 점수에서도
매우 중요한 것이 퍼팅임을 인정하면서도 정작 골프장에 나가 보
면 드라이버 연습은 많이 해도 퍼팅 연습을 많이 하는 골퍼들은 찾
아보기 어렵다. 퍼팅은 90%가 정신력으로 하는 것이라 해도 과언
이 아닐 정도로 어렵기 때문에 감각을 익히기 위해서는 절대적으
로 많은 연습이 필요하다. 하지만 더욱 중요한 것은 비록 연습이라
도 매 샷을 실전이라 생각하고 어느 정도 긴장감을 갖고 연습해야
한다는 것이다. 필자는 퍼팅 연습을 할 때 이 샷이 반드시 들어가
야 파를 한다는 마음으로 정신을 집중하고, 매 샷 실전이라는 긴장
감을 가지고 임한다. 그러나 실전에서는 오히려 긴장감을 풀고 편
안한 마음으로 치려고 노력한다. 하루 잘 쳤다고 해서 금세 퍼팅을
잘하는 것처럼 자만하다가 낭패를 본 사람들이 한두 명이 아니라
는 것을 잘 알기에 '잘되겠지' 하는 나태한 마음에서 벗어나 항상
소중한 물건 다루듯 한 타 한 타를 성의껏, 그러나 자신 있게 치는
정신적 훈련을 해야 한다.

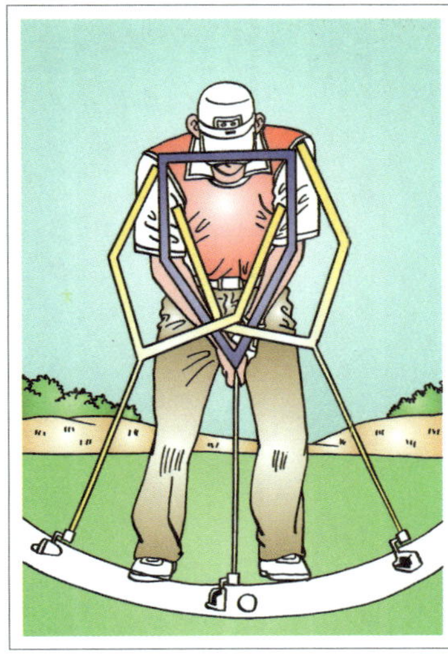

그림 28. 한 타 한 타를 성의껏 그러나 자신 있게 치는 정신적 훈련을 해야 한다.

퍼팅과 내적 평화

모든 샷이 그렇겠지만 특히 퍼팅은 절대적으로 내적 평화(Inner Peace)를 필요로 한다. 언젠가 한 골프 잡지에서 이런 기사를 읽은 적이 있다. '공을 8피트 정도 떨어진 곳에서 조준하고 기계를 통해 같은 속도로, 같은 지점에서 완벽한 스트로크(Stroke) 했음에도 불구하고 공은 10개 가운데 7~8개 정도밖에 들어가지 않았다.'

이 말을 바꾸어 표현하면 곧 퍼팅은 내가 완벽하게 쳤다고 해서 100% 홀에 들어간다는 보장이 없다는 것이다. 어떠한 상황에서든 최선을 다하면 좋은 결과가 나오듯이 가장 이상적인 퍼팅은 결과에 대한 집착이나 욕심 없이 팔의 힘을 빼고 그 자체에 몰두하는 것이다. 이렇게 해서 스윙과 몸, 마음이 조화를 이루고 호흡이 맞을 때 공도 홀 컵을 향해 빨려 들어간다.

4. 숏 퍼팅은 과감하게

앞에서도 언급했지만 퍼팅은 테크닉보다는 정신력에 더 중점을 두어야 한다. 더구나 숏 퍼팅은 1%가 테크닉이고 99%가 멘탈이라 해도 과언이 아니다. 골프채를 한 번도 잡아 보지 않은 사람에게 3피트짜리 퍼팅을 해 보라고 하면, 그들도 짧은 거리에서는 클럽을 적당히 잡고 공을 툭 쳐서 홀에 넣을 수가 있다. 반면 수없이 많은 연습을 하고, 많은 테크닉을 갖고 있는 프로라 해도 같은 거리의 퍼팅을 종종 놓치는 경우가 있다. 왜 그럴까? 이것은 물론 극단적인 예라 할 수 있지만 단지 테크닉이 많다고 해서 숏 퍼팅이 자동적으로 들어간다는 보장은 없다는 것이다. 지금 이 샷이 반드시 들어가야 내기에서 꼴지를 면한다거나 버디 또는 이글 퍼트 상황이라거나 또는 그것이 들어가야만 PGA 대회에서 첫 우승을 한다거나 등등 주말 골퍼에서 프로에 이르기까지 이 자그마한 3피트 퍼

그림 29. 숏 퍼팅은 99%가 멘탈이다.

트 때문에 울고 웃는 일이 허다하다. 그만큼 반드시 넣어야 하는 절실한 퍼트일수록 자연스럽게 되지 않고 놓치는 경우가 많다. 그래서 필자는 숏 퍼팅을 99% 멘탈이라고 생각한다.

연습은 실전처럼, 실전은 연습처럼

우리는 가끔씩 짧은 퍼트를 치고 난 뒤에 실수를 하면 그 자리에서 다시 샷을 재현한다. 물론 결과는 90% 이상이 홀 아웃된다. TV를 통해서도 프로들이 그런 식으로 연습하는 것을 많이 보았을 것이다. 물론 이런 연습을 하는 이유는 왜 짧은 퍼트를 놓쳤는지를 연구하여 똑같은 실수를 줄이려는 것이겠지만 여기에는 커다란 맹점이 숨겨져 있다. 우선 공을 반드시 넣어야 한다는 정신적 압박감에서 행한 퍼팅과 공을 놓친 뒤 이미 한 번 쳐 본 경험, 그리고 첫 번째 퍼팅처럼 부담 없는 스윙은 비교될 수가 없다. 그런데 우리는 두 번째 연습 퍼딩을 홀 아웃한 뒤 마치 테크닉이 잘못되어서 그랬다는 양 만족하면서 상황을 판단해 버린다. 물론 결과적으로는 어떤 테크닉의 부족으로 이루어진 상황이겠지만 그런 상황을 만든 진짜 이유(Root Cause)는 바로 실전에서 오는 정신적 압박감을 이기지 못해 연습 때처럼 자연스러운 퍼팅을 하지 못했기 때문이다. 그러므로 짧은 퍼팅을 연습할 때는 기술적인 면뿐만 아니라 실전에 버금가는 긴장감을 갖고 평소에 정신력 강화 훈련을 해 두는 것이 좋다. 필자는 필드에서 숏 퍼팅을 하기 전에 다음과 같은 방법을 이용해 많은 효과를 보고 있다.

① 거리와 경사를 사방에서 본 뒤 일단 결정을 내렸으면 더 이상 거기에 의심을 품지 않는다.

② 최상의 퍼트도 100% 들어가지 않는다는 것을 인정하고 결과에 너무 연연하지 않으려고 한다.

③ 연습 퍼팅도 곧 실전이라는 생각으로 실전과 유사한 긴장감을 느끼려고 노력한다.

④ 거리와 경사에 준한 거리감을 느끼면서 서너 번 연습 스윙을 해 본다.

⑤ 이처럼 충분한 연습으로 실전 준비가 되었으면 지체 없이 지금까지 한 연습 퍼팅을 재연한다. 그리고는 어떠한 결과가 나와도

받아들인다는 편안한 마음으로 자신 있게 최선을 다한다.

⑥ 일단 퍼팅을 끝낸 뒤에는 결과에 승복하고, 실수한 것에 대해서는 왜 그렇게 되었는지를 분석한다. 예를 들어 편안한 마음으로 원하는 대로 스트로크되었으면 그린의 속도나 경사를 잘못 읽은 것이 원인이므로 그 점에 유의한다. 만약 마음이 흔들려서 자연스러운 스윙이 되지 않았을 때는 좀 더 도(道)를 닦는 연습(결과에 연연하는 것을 없애는 연습)을 해야 한다.

이 6가지 생각을 연습에서나 실전에서나 항상 반복하고 염두에 두어 마음의 동요와 긴장이 사라질 때까지 꾸준히 연습한다. 이것이 숙달되면 실전도 연습 퍼팅처럼 아무런 부담감 없이 자연스럽게 집중해서 할 수 있다. 필자의 드라이버 비거리는 평균 240야드 정도이고, 평균 퍼팅 수는 29타이다. 공식 핸디가 3인 골퍼치고는 비거리가 그리 많이 나가는 편은 아니다. 하지만 퍼팅 횟수는 투어 골퍼들의 평균과 큰 차이가 없다. 'Driver for Show and Putt for Dough.' 즉 장타로는 자랑할 만하지만 퍼팅으로는 실속을 차린다는 말을 그대로 실감나게 한다. 장타를 치기 위해서는 무던한 노력을 하고 시간을 투자해야 하지만 퍼팅은 짧은 시간 내에 누구라도 커다란 효과를 볼 수 있다.

숏 퍼트는 홀의 뒷면을 겨냥하라

텔레비전을 통해 PGA 선수들의 숏 퍼팅을 보다 보면 공이 홀 컵의 뒷면을 툭 건드리면서 홀 아웃하는 장면을 자주 볼 수 있다. 상대적으로 대다수 주말 골퍼들의 퍼트는 항상 홀 주변을 맴돌면서 홀 앞쪽이나 옆쪽으로 겨우 들어간다. 그러나 짧은 퍼트일수록 과감하게 찔러 넣는 용기가 필요하다. '괜히 과감하게 치다가 3퍼트라도 하면 어쩌지?', '애매한 거리인데 브레이크를 얼마나 봐야 하지?', '이게 들어가야 버디 퍼트인데… 왜 이렇게 가슴이 뛰지.' 등등. 이렇게 초급자나 중급자들은 치기도 전에 안 들어갈 수밖에 없는 이유를 생각한다. 그러다 보니 당연히 퍼팅도 자신 없게 할 수밖에 없다. 이는 결국 공의 속도가 약하기 때문에 공과 홀 사이에 있는 골프화 자국이나 공의 디봇에 의해 생긴 브레이크, 또는 오후가 되면서 홀 아웃 후 공을 집다가 생긴 홀 주위에 경사 등으로 인해 공을 바로 쳤어도 홀 아웃을 미스하는 결과를 가져올 뿐이다. 일단 위의 순서에 따라 어떻게 퍼팅할 것인지를 결정했다면 한두 번 실제 상황에서 친다는 마음으로 같은 속도로 연습한 뒤 결과에 연연하지 않는 자신 있는 퍼팅을 해 보도록 한다.

5. 중간 퍼팅,
   언제든지 홀 아웃할 수 있다는 감각으로

앞에서는 숏 퍼팅에서 발생하는 입스가 기술적인 면보다는 반드시 넣어야 한다는 긴장과 압박감에 의한 정신적 실수의 영향이 더 크다는 필자의 생각을 피력했다. 그렇다면 중간 퍼팅(2~6m)은 어떨까? 18홀을 돌면서 한 타를 까먹기는 쉬워도 한 타를 줄이기는 정작 하늘의 별 따기다. 그렇기 때문에 중간 퍼팅 정도의 거리에서는 공이 홀을 지나치도록 하여 한 타를 줄일 확률을 높이려는 노력이 필요하다. 물론 이런 상황에서는 반드시 넣어야 하다는 숏 퍼팅에 대한 압박감을 피할 수 있기 때문에 대체로 짧은 퍼팅보다는 훨씬 편안한 마음으로 스트로크할 수 있다. 그렇다고 해서 정신적 요소가 전혀 작용하지 않는다는 것은 아니다. 그렇다면 이런 상황에서는 어떠한 생각으로 퍼팅 준비를 해야 가장 효율적이고 안정된 퍼팅을 할 수 있을까.

그림 30. 중간 퍼팅 정도의 거리에서는 공이 홀을 지나치도록 하여 한 타를 줄일 확률을 높이려는 노력이 필요하다.

필자는 몇 년 전 한국 방문 뒤에 퍼팅 때문에 고생했던 경험이 있다. 모국에서 처음으로 골프를 치고 돌아갔는데, 모든 곳이 다 그런 것은 아니겠지만 필자가 들렀던 골프장의 퍼팅 그린은 벤트 잔디가 아닌 금잔디였다. 그 때문에 퍼팅 그린이 꽤나 느렸던 것 같다. 그 후 산호세로 돌아가 가진 첫 토너먼트 시합에서 그날 내내 펏 거리 감각을 잃었다. 원래 퍼팅 연습을 많이 하지 않아도 감각이 있어서 잘하는 편이었기에 그만큼 충격이 컸다. 결국 오랜만에 큰마음을 먹고 주중에 시간을 내 근처 골프장에 가서 퍼팅 연습을 했다. 짧은 퍼팅에서부터 긴 퍼팅까지, 그렇게 약 1시간 가량 예전 감각을 되찾으려고 연습하던 중 새로운 발견을 하게 됐다.

중간 퍼팅을 할 때 내가 얼마나 집중하고 준비해 퍼팅하느냐에 따라 결과에 많은 차이가 난다는 것이었다. 6걸음 정도의 거리에서 퍼팅을 하는데, 공을 반드시 넣겠다는 생각으로 퍼팅의 길을 보니 처음에는 잘 보이지 않았다. 그러나 계속 집중해서 보니 서서히 공이 지나가야 할 길이 머릿속에 그려지기 시작했다. 그뿐만 아니라 두 팔을 통해 어느 정도로 공을 쳐야 한다는 속도감까지 자연스럽게 전해져 오는 것을 느낄 수 있었다. 이런 상황에서 치른 퍼팅은 놀랍게도 10개 가운데 3~4개 정도를 넣었고, 나머지 공들도 근소한 차이로 홀 근처에 머물렀다. 그러나 별 생각 없이 홀에 붙이려는 생각으로 친 샷들은 생각대로 홀 근처에는 갔지만 10개의 퍼트 가운데 단 한 개도 넣지 못했다.

편안한 상태에서 집중하기(Relaxed Concentration)

여기서 필자가 깨달은 것은 골프는 마음이 편안한 상태에서 집중해서 해야 한다는 것이다. 이 말은 언뜻 들으면 상반된 말처럼 들릴 수 있다. 신경을 써야 집중이 가능한데, 신경을 쓰면 마음이 편안할 수가 없어서 오히려 몸이 굳어지기 쉽기 때문이다. 그러나 좀 더 생각해 보면 그 말에 모순이 있는 것이 아니라 우리가 그만큼 퍼팅에 대해 모르고 있었다는 것을 알 수 있다.

다시 말해서 그런 상황에 도달하려면 마음이 어느 정도 수련되어 있어야 한다. 마음을 비운 상태에서 어떤 목표를 정해 경사에 대한 감과 속도를 느낀 뒤 평소의 운동 신경에 의존하면 나머지는 근육이 스스로 알아서 거기에 준한 스트로크를 자연스럽게 하게 된다. 물론 이런 수준에 도달하기 위해서는 기본적으로 그린을 읽을 줄 알아야 하고, 어느 정도 거리감도 갖고 있어야 한다. 그렇게 하기 위해서는 다음과 같은 방법으로 연습해 볼 것을 권한다.

① 일단 퍼팅하기 전에 공과 홀을 중심으로 앞, 뒤, 좌, 우를 돌며 경사와 속도를 느낀다.

② 방향보다는 거리를 더 신중하게 고려하고, 거리는 홀을 놓쳤을 때 1피트 정도 지나가는 속도로 친다.

③ 언제나 생각보다 경사의 각도를 조금 더 높이 보아 공이 홀에 들어가지 않았을 경우 홀을 중심으로 아마추어 사이드(Amateur Side, 홀 아래쪽)보다는 프로 사이드(Pro Side, 홀의 위쪽)로 공이 빠지도록 퍼트의 길을 생각한다.

④ 위의 방법을 종합하여 그것에 맞는 스트로크를 감지한 상태에서 공을 홀에 넣기 위해서는 어떤 길로 공을 쳐야 하는지를 머릿속에 그려보고, 또 반드시 퍼트를 집어넣겠다는 의지로 계속 길을 보면서 연습 퍼팅을 한다.

⑤ 준비가 되었으면 숏 퍼팅을 할 때와 동일하게 방금 연습했던 감각으로, 들어간다는 자신감으로 거침없이 스트로크 한다.

퍼팅에 임하는 자세의 차이

전(前) 미항공우주국(NASA)의 과학자였고, 지금은 실질적으로 미국에서 가장 숏 게임을 많이 연구하여 《숏 게임 바이블(Short Game Bible)》과 《퍼팅 바이블(Putting Bible)》이라는 유명한 책을 저술하기도 한 데이브 펠츠(Dave Pelz's)라는 사람이 있다. 그가 잘 치는 골퍼들을 상대로 조사한 바에 의하면 퍼트의 거리가 10피트(3m 정도) 이상 떨어지면 성공률이 20%로 떨어진다고 한다. 이처럼 많은 주말 골퍼들은 중간 퍼팅 정도의 거리는 으레 들어가지 않을 것이라 생각하기 때문에 치기도 전에 대충 포기하고 퍼팅하는 경우가 많다. 그러나 로우 싱글 골퍼나 프로들은 어떻게 해서든지 그 샷을 넣기 위해서 정신을 집중해 신중하게 퍼트한다. 사실 이런 데서부터 핸디의 차이가 결정난다. 미리 포기하는 마음과 끝까지 넣을 수 있다고 생각하는 자세가 바로 주말 골퍼와 로우 싱글의 차이인 것이다.

6. 긴 퍼팅의 최대 목표는 투 퍼트

지금까지 숏 퍼팅과 중간 퍼팅을 어떻게 해야 정신적인 면과 기술적인 면이 효과적으로 조화를 이루어 좋은 결과를 낼 수 있는지에 대해 이야기했다. 특히 짧은 퍼팅은 기술보다는 정신적인 면에서 승부가 결정되고, 중간 퍼팅은 정신적인 면과 기술적인 면이 조화를 이루어 넣을 수 있다는 자신감을 갖고 공략해야 한다고 강조했다. 그렇다면 이제부터는 어떤 방법으로 긴 퍼팅을 멋지게 요리할 것인지를 살펴보자.

제목에서도 언급한 것처럼 긴 퍼팅의 최대 목표는 누가 뭐라 해도 두 번에 홀 아웃하는 것이다. 요사이 타이거 우즈의 등장으로 골프가 유행하면서 각 TV 방송국에서 주말마다 PGA 경기를 중계하고 있다. 특히 하이라이트 장면을 보면 30피트 이상 되는 긴 퍼팅

그림 31. 긴 퍼팅의 최대 목표는 누가 뭐라 해도 두 번에 홀 아웃하는 것이다.

이 홀 속으로 쏙쏙 들어가는 모습이 많이 나온다. 이 선수, 저 선수가 마치 무슨 묘기 대행진이라도 하듯 집어넣는 것을 보면 나도 모르게 "야~ 긴 퍼터도 프로는 저렇게 잘 넣는구나!"라며 감탄 섞인 환성이 나오기도 한다. 그러나 이와 반대로 더 많은 프로들이 비슷한 거리에서 정작 쓰리 퍼트하는 장면은 찾아보기 힘들다. 시선을 사로잡는 장면을 중요시하는 스포츠 방송에서 그런 장면들이 많은 화면을 차지하는 것은 당연하다. 하지만 바로 이런 장면들이 주말 골퍼들에게 올바르지 못한 긴 퍼팅에 대한 선입견을 갖게 한다. 결국 '나도 프로들처럼 멋지게 긴 퍼트를 넣어 보겠다' 는 착각에 빠져 무모하게 달려들었다가 쓰리 퍼트를 유도하는 결과만 초래할 뿐이다.

쓰리 퍼트의 원인은 첫 번째 퍼팅의 결과

많은 골퍼들은 긴 퍼팅을 하면서 쓰리 퍼트를 한 뒤 두 번째 퍼트를 놓쳐서 그렇게 되었다면서 퍼트를 탓할 때가 많다. 물론 두 번째 퍼트를 놓쳐서 당연히 쓰리 퍼트를 하게 된 것이겠지만 쓰리 퍼트의 원인은 첫 번째 퍼팅에 있었다는 것을 간과해서는 안 된다. 다시 말해 첫 번째 퍼트는 볼을 홀에 넣기 위한 것이 아니라 그 홀의 위치상 두 번째 퍼트를 할 때 가장 펏 아웃하기 좋은 위치에 놓기 위한 준비 퍼트인 것이다. 물론 이렇게 안전한 퍼팅을 하면 간혹 한 번에 홀 아웃할 기회를 놓칠 수도 있다. 하지만 그것보다는 준비가 안 된 상태에서 홀만 보고 공략하다가 투 퍼트를 쓰리 퍼트로 만드는 경우가 더 흔하다.

많은 주말 골퍼들은 일반적으로 아래와 같이 긴 퍼팅을 한다.
① 90% 이상의 하이 핸디들은 긴 퍼팅이 3~2m까지 홀에 못 미치게 친다.
② 특히 언덕 위로 쳐야 하는 샷에서는 그 차이가 더욱 많이 나는데, 대부분 길다기보다는 짧은 경향이 있다.
③ 내리막길에서는 아주 짧거나 아니면 지나치게 홀에 멀리 떨어지게 보낸다.
④ 긴 퍼팅은 쓰리 퍼트한다는 생각을 당연시한다.
⑤ 대체로 얼마나 길고 짧게 쳐야 하는지에 대한 기준이나 감각이 없다.

이에 필자는 아래와 같은 방법을 권해 많은 학생들의 퍼팅에 도움을 주고 있다.

① 우선 10, 15, 20, 25, 30m 거리에서 퍼팅 연습을 한다.

② 각 거리마다 10개의 공으로 홀을 중심으로 1m의 원을 머릿속에 그린 뒤 공이 그 안에 들어가도록 연습한다.

③ 처음에는 10m에서 시작해 10개의 공이 원 안에 7~8개 정도 들어갈 때까지 평지에서 연습하면서 10m 거리의 감을 익힌다.

④ 10m 거리에서 퍼팅 감이 익숙해졌다면 다음에는 15m에서 똑같은 방법으로 연습하여 거기에 준한 감각을 익힌다.

⑤ 이런 식으로 10~30m까지 거리감을 익혀 놓으면 왠만한 코스에서의 쓰리 퍼트는 상당히 줄일 수 있다.

⑥ 여기서 한 단계 높은 수준의 퍼팅을 하려면 두 번째 퍼팅이 항상 오르막 퍼팅이 될 수 있도록 공을 유도한다. 다시 말해서 오르막 긴 퍼팅을 할 때는 홀 아래쪽에 1m 정도 떨어질 수 있도록 첫 퍼팅을 한다. 그리고 내리막에서는 공이 홀을 놓쳤을 경우 홀을 지나 1m 정도 떨어지게 유도해야 한다. 물론 이렇게 하기가 말처럼 쉬운 것은 아니지만 그렇다고 불가능한 것도 아니다. 틈나는 대로 연습해 두면 생각보다 그리 많은 시간을 투자하지 않아도 익힐 수 있다.

긴 퍼트는 방향보다는 거리를

대략 어른 발걸음으로 10걸음 이상 되는 거리에서 한 번에 넣겠다고 무모하게 공략하는 것은 초보 골퍼들이나 하는 행동이자 쓰리 퍼트로 가는 지름길이기도 하다. 아무리 방향이 좋다 한들 첫번째 퍼트가 홀에서 1m 이상으로 짧거나 길어지면 그만큼 쓰리 퍼트를 할 확률이 높아진다. 반대로 방향은 조금 빗나갔지만 홀을 중심으로 1m 안의 거리에 넣으면 그만큼 투 퍼트를 할 확률이 높아진다. 짧은 퍼트는 거리보다는 방향을 중시해야 하지만 반대로 긴 퍼트는 방향보다는 거리에 더욱 신경을 써야 한다.

긴 퍼팅을 할 때 거리감을 잘 느끼기 위해서는 공과 홀 주위의 공간에 펼쳐진 잔디의 경사와 속도를 마음속으로 느끼면서 편안한 마음으로 몇 번의 연습 스윙을 한 뒤 감이 왔을 때 자연스럽게 스트로크해야 한다. 이렇게 하면 좋은 스코어를 낼 수 있을 것이다.

7. 퍼팅 총정리

그동안 배워 왔던 퍼팅을 총망라하면서 어떻게 하면 주변 사람들이 부러워하는 훌륭한 퍼팅맨이 될 수 있을지를 다시 한번 생각해 보자.

슬라이스나 훅을 고치기 위해 투자하는 많은 시간과 비용에 비해 퍼팅은 짧은 시간 요령 있게 연습하면 가장 빨리 핸디를 떨어뜨릴 수 있는 골프의 노른자위임을 앞에서 밝혔다. 특히 퍼팅은 수많은 근육을 훈련시킬 필요도 없고, 연습 시에 들어가는 비용도 없다. 또 시간이 없을 때는 응접실 카펫 위나 티 오프하기 전에 연습용 퍼팅 그린에서도 충분히 연습할 수 있다는 장점이 있어서 마음만 먹으면 언제든 가능하다. 여기에 모든 골퍼들이 공통적으로 저지르는 몇 가지 잘못된 퍼팅 습관을 잘 인지하여 실수를 미연에 방지

그림 32. 퍼팅은 응접실 카펫 위나 티 오프하기 전에 연습용 퍼팅 그린에서도 충분히 연습할 수 있다.

하는 데 조금만 주위를 기울인다면 더욱 성숙된 퍼팅맨이 될 수 있을 것이다.

퍼팅 연습은 싱글 핸디로 가는 지름길

퍼팅 연습은 드라이브 샷을 할 때의 시원함이 없기 때문에 재미없다고 생각할지도 모른다. 하지만 일단 한두 달 정도 마음먹고 짧은 퍼팅과 중간 퍼팅, 긴 퍼팅의 3가지로 나누어 지금까지 제시한 방법으로 그것이 몸에 익을 때까지 연습하면 스코어가 눈에 띄게 좋아질 것이다. 뿐만 아니라 정신적으로도 자신감이 생겨 드라이브 샷에서부터 숏 게임까지 모든 게임에 좋은 영향을 줄 것이다.

예를 들어 컨디션이 좋지 않아 샷이 평상시 실력에 미치지 못하는 날에도 퍼팅의 도움으로 그리 큰 대형 사고(?)를 치르지 않고 무사히 체면을 유지하면서 라운딩을 끝낼 수가 있다. 운 좋게도 컨디션까지 최상에서 샷이 잘 맞는다면 자신의 기록을 깰 수 있는 절호의 기회가 될 수도 있다. 이처럼 퍼팅만 잘해도 골프가 점점 더 재미있어지고, 더 자주 치고 싶은 마음이 생기고, 그에 준하여 다른 연습도 그만큼 열심히 하게 되니 이것이야말로 일석삼조가 아니겠는가? 반면 드라이버 비거리를 조금이라도 길게 내려고 수많은 시간과 비용을 투자했지만 퍼팅 연습에 소홀한 나머지 짧은 퍼트들을 자주 놓쳐 쓰리 퍼트를 밥먹듯 하게 된다면 스트레스만 쌓여 오히려 역효과가 나기 쉽다. 명심해야 할 점은 퍼팅 잘하는 하이핸디 골퍼 없고 퍼팅 못하는 로우 싱글 골퍼 또한 없다는 사실이다.

골퍼들이 가장 흔히 범하는 퍼팅 실수 2가지

이번에는 주말 골퍼들이 가장 많이 범하는 퍼팅 실수 2가지에 대해 이야기해 보자.

첫 번째 실수는 옆 경사(Side hill) 쪽에서 퍼팅을 할 때 주말 골퍼들의 90%가 공이 홀 아래쪽으로 떨어지게 퍼팅하는 경향이 있다는 것이다. 이런 경우를 가리켜 아마추어 사이드로 공이 흘렀다고 한다. 그런데 많은 프로들은 같은 상황에서 대부분 공이 홀의 위쪽으로 빠지도록 퍼팅한다. 무엇이 다를까? 일단 프로 사이드로 공을 치게 되면 공이 홀에 들어가는 입구가 아마추어 사이드 쪽으로 퍼팅했을 때보다 무려 75%나 홀 아웃할 가능성이 커진다. 또 한 가지 장점은 두 번째 퍼트가 홀에 더 가깝게 붙는다는 것이다. 그러므로 퍼팅은 언제나 퍼트 아웃이 안 됐을 경우 아마추어 사이드 쪽보다는 프로 사이드 쪽으로 공략해야 한다.

많은 초보자들에게서 볼 수 있는 두 번째 실수는 바로 10걸음 이상 되는 거리에서 퍼팅할 때 공이 홀에 미치지 않는 경우가 많다는 것이다. 물론 거리가 더 멀어질수록 그 오차는 커진다. 특히 오르막 퍼팅을 할 때 더욱 심하게 나타난다. 물론 두 번째 퍼팅을 계속 올라가는 퍼팅으로 유도하면 좋겠지만 공이 홀에 3피트 이내에 붙지 못하기 때문에 두 번에 퍼트 아웃하는 것이 그만큼 힘들다. 이는 대부분 거리감이 없어서 생기는 현상으로, 긴 퍼팅 연습을 통해 거리감을 찾아야 한다. 그러나 그렇게 되기 전까지는 긴 퍼팅을 할 때 항상 평상시 거리보다 3피트 내지 5피트 정도 홀 뒤쪽을 목표로 삼고 퍼팅하면 쓰리 퍼트를 많이 줄일 수 있다.

퍼팅은 과감하고 결단력 있게

《선(禪) 골프》의 저자이자 심리학 박사인 조셉 패런트는 그의 저서에서 어떠한 행동을 하기 위해서는 단호한 결단력이 필요하다고 강조하면서 '우리가 어떠한 결단을 내리는 데 가장 방해가 되는 요소는 원치 않는 결과에 대한 두려움이다. 그런데 바로 그런 우유

부단함이 그런 결과를 초래한다'고 말했다.

　이 말을 퍼팅에 빗대어 말하면 '퍼팅을 할 때는 언제나 하려고 하는 목적이 뚜렷해야 한다'는 것이다. '숏 퍼트가 홀에 들어가지 않으면 어떻게 하나'를 미리 걱정하며 우물쭈물 퍼트를 하면 깨끗한 임팩트가 되지 않아 공을 홀에 집어넣는 것이 그만큼 힘들어진다. 긴 퍼팅을 할 때도 앞에서 보면 오르막 같고 뒤에서 보면 내리막인 것 같아 헷갈리거나 어떤 속도로 퍼팅을 해야 할지 잘 모르겠다면 한 가지를 선택해 퍼팅할 수 있는 결단력을 키워야 한다.

풀 스윙 테크닉

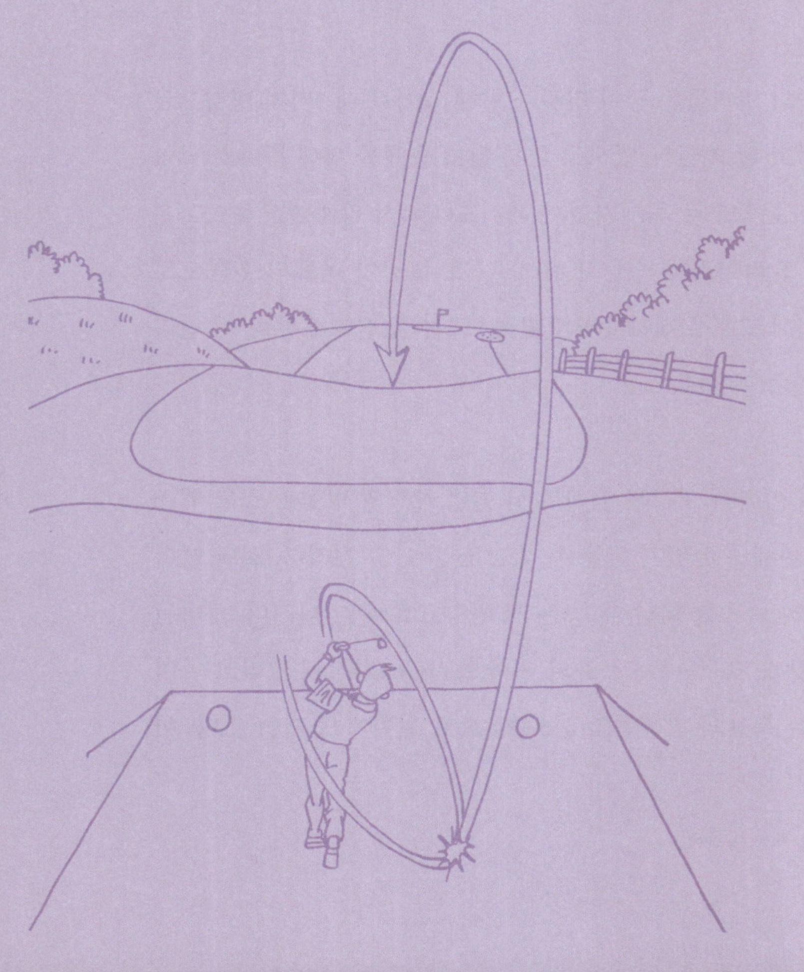

1. 공 방향의 법칙

대다수의 골퍼들은 공이 타깃을 향해 날아갈 때 3가지 방향으로 날아간다고 알고 있다. 앞으로 휘지 않고 목표를 향해 똑바로 날아가거나 오른쪽으로 휘어지면서 페이드(심하지 않게 오른쪽으로 휠 때) 또는 슬라이스(심하게 휠 때)가 나거나, 공이 목표의 왼쪽으로 휘어지면서 드로우(심하지 않게 휠 때) 또는 훅(심하게 휠 때)이 난다는 것이다(그림 33-1).

그러나 이러한 생각은 임팩트 시 클럽 헤드의 방향과 스윙 패스를 잘못 이해하고 있기 때문에 갖고 있는 단순 논리다. 일단 클럽이 처음 티 박스를 떠날 때 공은 세 방향으로 흘러 나간다. 하나는 목표를 향해, 또 하나는 목표의 왼쪽으로(Outside In), 그리고 나머지 하나는 목표의 오른쪽(Inside Out)으로 날아가게 되어 있다. 이

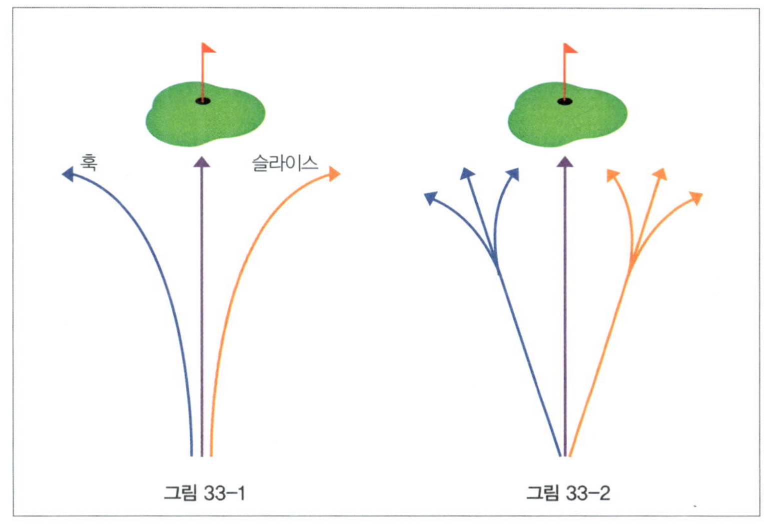

때 날아가는 공의 방향은 임팩트 시 어깨의 방향에 의해 결정된다. 예를 들어 아웃사이드 인 스윙은 공이 맞는 순간 양어깨가 목표의 왼쪽을 보고 있기 때문이다. 물론 공이 처음에 목표한 방향으로 날아간다면 임팩트 시 어깨가 목표에 평행하게 서 있다는 것을 알 수 있다.

그 후 공이 목표를 향해 날아가다가 힘을 잃기 시작하면서 임팩트 시 걸린 스핀에 의해 공의 방향이 결정된다. 클럽이 열린 상태에서 공이 맞게 되면 스핀이 오른쪽으로 걸려 공도 오른쪽으로 움직이고, 반대로 클럽이 닫힌 상태에서 공이 맞게 되면 왼쪽으로 움직이게 된다. 물론 공이 똑바로 날아간다는 것은 공에 사이드 스핀이 걸리지 않고 백 스핀만 걸렸기 때문이다. 이렇게 보면 이제 그

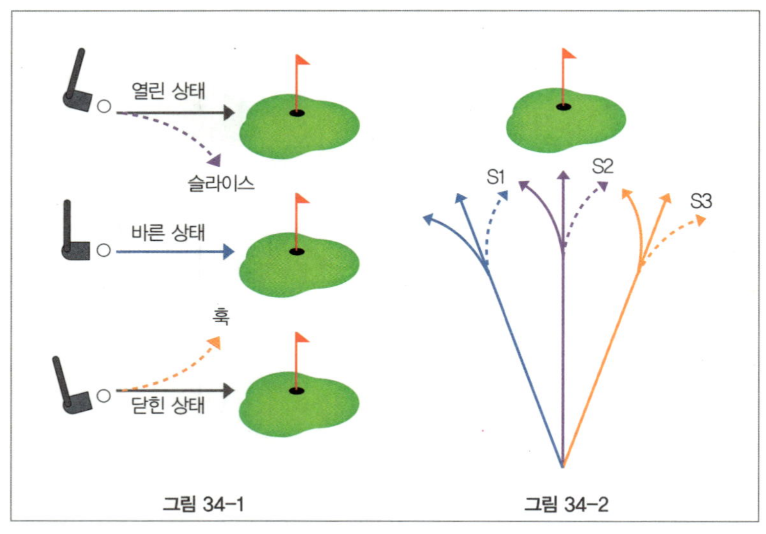

림 33-2에서처럼 공의 방향은 3가지가 아니라 9가지라는 알 수 있을 것이다.

이제 보통 골퍼들이 알고 있는 대로 슬라이스의 원인이 아웃사이드 인 스윙뿐만이 아니었음을 알았을 것이다. 위에서도 보았듯이 슬라이스는 아웃사이드 인뿐만 아니라 인 사이드 아웃 또는 목표를 향해 바로 공을 쳤을 때도 생길 수 있기 때문이다(그림 34-2). 그렇다면 슬라이스는 왜 생길까? 답은 간단하다. 공이 임팩트 시 클럽이 열린 상태에서 맞았기 때문이다(그림 34-1).

여기서 임팩트 시 클럽과 공 사이에 어떤 스핀들이 생기는지 좀 더 자세히 살펴보자. 먼저 짚고 넘어가야 할 것은 골프에는 톱 스핀이 없다는 것이다. 탁구나 테니스처럼 공에 톱 스핀을 주려면 클

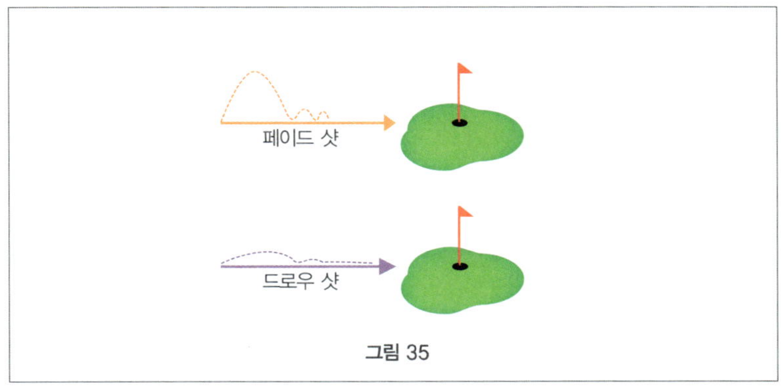

그림 35

럽으로 공의 2~3피트 아래쪽에서 위로 들어올려야 하는데, 골프의 샷은 항상 클럽이 공과 같은 위치에 있기 때문에 톱 스핀을 넣는 것이 물리적으로 불가능하다. 흔히 드로우 샷을 마치 톱 스핀이 걸린 것으로 생각하는데, 그것은 잘못된 생각이다.

공이 클럽에 맞아 날아가는 순간 클럽 헤드의 각도에 의해 순간적으로 백 스핀과 사이드 스핀이 생긴다. 클럽이 닫히거나 열린 상태에서는 백 스핀보다 사이드 스핀이 많이 걸리고, 바른 상태에서는 백 스핀만 들어가 공이 목표를 향해 똑바로 날아가게 한다. 이때 같은 사이드 스핀이 걸렸는데, 드로우가 슬라이스 샷보다 더 멀리 날아가는 이유는 바로 공의 탄도 때문이다. 클럽이 닫힌 상태에서는 자연히 공이 낮게 날아가면서 착지 후에도 계속 굴러간다. 그러나 슬라이스 샷은 클럽이 열려 맞기 때문에 공이 뜨게 되어 공이 떨어지면서 롤이 많이 생기지 않는다(그림 35).

2. 셋업의 4가지

기본이 바로 서지 못한 것은 오래 가지 못한다. 고층 건물을 지으면서 철근이 덜 들어갔다면 그 건물은 오래갈 수 없고, 기초가 부족한 학생이 좋은 대학에 입학하기 힘든 것은 당연하다. 마찬가지로 골프의 테크닉을 논하기 전에는 그립과 어드레스, 선 자세, 공의 위치 등을 정확하게 파악하고 있어야 한다. 골프 티칭을 가르치는 학교에서 가장 먼저 배우는 것도 바로 이 기초 자세다. 모든 골프 테크닉의 80%의 문제가 바로 이 셋업에서 시작된다는 믿기 힘든 통계도 있다. 그나마 한 가지 위안이 되는 것은 백 스윙과 다운 스윙은 움직이면서 취하는 자세이기 때문에 어려울 수도 있지만 셋업은 정지된 상태에서 취하기 때문에 누구나 잘할 수 있다. 어떤 골퍼라도 이 셋업만 잘 이해하고 경기에 임한다면 문제의 80%는 이미 해결했다고 봐도 된다.

그립(Grip)

일단 클럽은 손바닥으로 잡기보다는 손가락에 걸치는 느낌으로

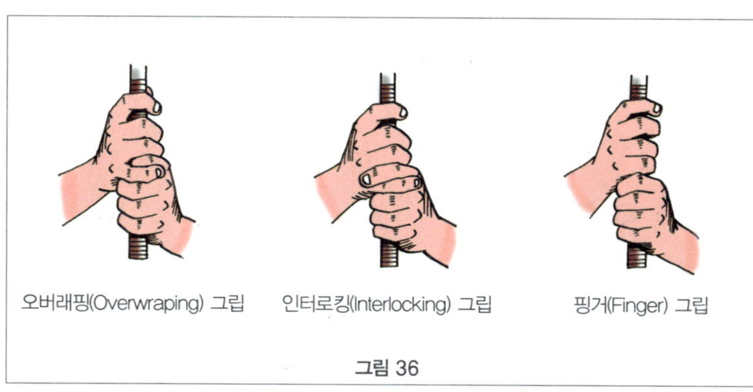

그림 36

잡는 것이 좋다. 그립을 잡는 방법에는 아래 그림에서처럼 오버래핑(Overwraping) 그립, 인터로킹(Interlocking) 그립, 그리고 핑거(Finger) 그립의 3가지 방법이 있다. 꼭 그런 것은 아니지만 오버래핑 그립은 일반적으로 손가락이 굵은 골퍼가 선호하고, 인터로킹 그립은 손가락이 가는 골퍼가, 핑거 그립은 손이 작거나 어린아이들에게 적당하다고 볼 수 있다.

클럽을 바르게 잡으려면 왼쪽 엄지손가락을 오른쪽 엄지손가락 아래의 손금에 대고 잡아야 한다. 그렇게 해서 제대로 잡힌 그립은 오른쪽 엄지손가락 방향이 오른쪽 어깨를 향하고 왼쪽 엄지손가락은 턱 중앙을 향하게 된다. 이러한 그립을 스퀘어(Square) 그립이라고 한다. 이 그립에서 오른쪽 또는 왼손의 손등이 스퀘어 그립보다 더 목표를 향해 잡는 것을 위크(Weak) 그립, 반대로 스퀘어 그립보다 목표에서 멀어지게 잡으면 스트롱(Strong) 그립이라고 한다. 위크 그립은 이미 손이 목표를 향하고 있기 때문에 임팩트 시 오히

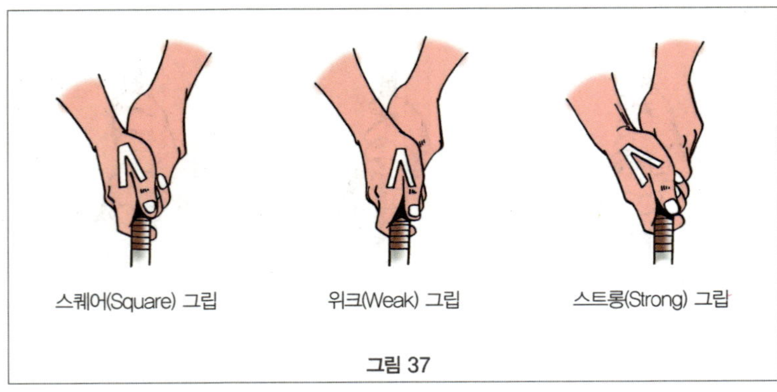

그림 37

려 클럽이 열려 맞게 되어 오른쪽으로 휘는 현상이 일어난다. 반대로 스크롱 그립은 임팩트 시 손이 타깃을 향해 감게 되어 클럽 페이스가 닫혀 왼쪽으로 보내게 된다(왼손잡이 골퍼는 반대로 생각하면 됨).

어드레스(Address) : 타깃 라인과 보디 라인

일단 어드레스를 이해하기 위해서는 타깃 라인(Target Line)과 보디 라인(Body Line)을 알아야 한다. 타깃 라인을 알기 위해서는 먼저 자신이 보내고자 하는 지점을 알고 있어야 한다. 여기서 중요한 것은, 대충 넓은 페어웨이(장소)를 가리키는 것이 아니라 어떤 한 지점, 즉 오른쪽 페어웨이에 있는 두 번째 나무의 첫 번째 줄기라는 식으로 어떤 구체적인 한 점을 정해야 한다는 것이다. 그런 다음 지금 놓여 있는 공의 위치와 그 장소를 잇는 선을 타깃 라인이

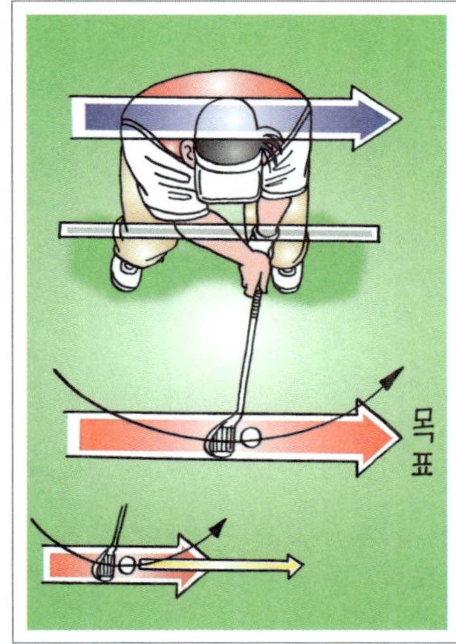

그림 38. 어드레스를 이해하기 위해서는 타깃 라인(Target Line)과 보디 라인(Body Line)을 알아야 한다.

라고 명한다. 이렇게 타깃 라인이 정해지면 공에 적혀 있는 로고를 그 선에 맞춰 놓는다(물론 이것은 티 박스와 퍼팅 그린에서만 허용된다).

그 밖의 샷은 공에서 1m 안쪽에 떨어진 타깃 선상에 있는 어떤 물체를 설정해 그 선을 타깃 라인이라고 기억해 둔다. 그리고 보디 라인, 즉 양발과 양무릎, 양어깨가 연결된 선이 보디 라인이 되는데, 이 3가지 선이 모두 타깃 라인에 평행하게 자세를 잡는 것이다.

선 자세(Posture) : Y축

클럽을 잡고 서 있는 자세를 포스처(Posture)라고 하는데, 이 자

그림 39. 허리를 구부리면 구부릴수록 공을 멀리 놓게 되고, 허리를 일으키면 일으킬수록 당연히 공에 가깝게 서게 된다.

세는 공을 얼마만큼 멀리 또는 가깝게 놓느냐를 결정한다. 수학 시간에 배웠던 도표의 Y축을 생각해 보면 된다. 허리를 구부리면 구부릴수록 공을 멀리 놓게 되고, 허리를 일으키면 일으킬수록 당연히 공에 가깝게 서게 된다. 대체로 키가 작은 골퍼는 가깝게 서는 경향이 있고, 키가 큰 골퍼는 그만큼 멀리 선다.

여기서 중요한 것은, 그림에서처럼 발등에서 무릎까지는 똑바로 세우고 무릎에서 엉덩이까지는 뒤로 굽히면 된다는 것이다. 그러면 엉덩이가 뒤로 빠진 만큼 어깨가 앞으로 나와 몸의 균형을 맞춰 준다. 이렇게 해서 자세를 잡고 손을 아래로 똑바로 뻗었을 때 발 앞쪽으로 한 5cm 정도 위치에 놓여 있어야 자세를 제대로 잡았다고 할 수 있다. 이때 허리는 너무 뻣뻣하게 구부리지 말고 자연스

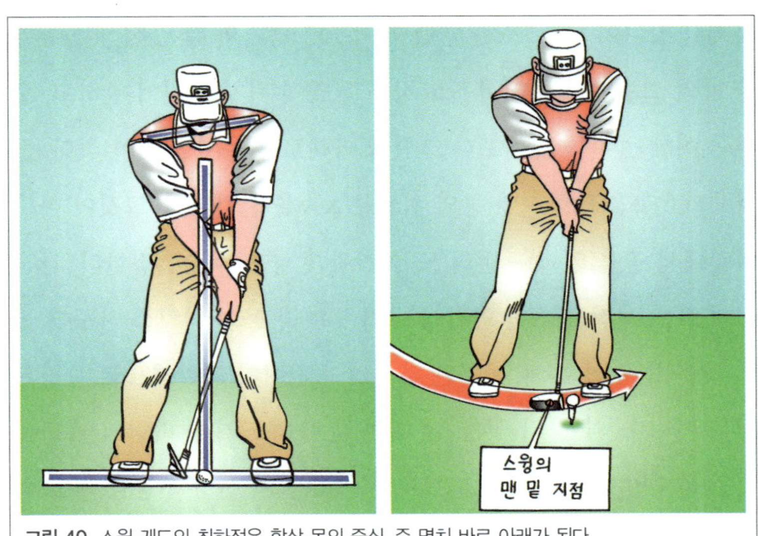

그림 40. 스윙 궤도의 최하점은 항상 몸의 중심, 즉 명치 바로 아래가 된다.

럽게 휘어지도록 하는 것이 좋다.

공의 위치(Ball Position) : X축

셋업의 마지막 요소인 공의 위치를 이해하려면 일단 클럽의 스윙 궤도를 알아야 한다. 티가 꽂혀 있지 않은 맨땅에 공이 놓여 있을 경우, 스윙 궤도가 최하점에 이르렀을 때 잘 칠 수 있다. 이때 스윙 궤도의 최하점은 항상 몸의 중심, 즉 명치 바로 아래가 된다. 결국 클럽이 최하점에 이르렀을 때 공을 맞혀야 하는데, 그러기 위해서는 티가 꽂혀 있지 않은 상태에서 공이 명치 바로 앞에 가도록 자세를 잡아야 한다. 또한 클럽 페이스가 명치와 같은 선상에 놓였을 때의 그립은 가운데서 5cm 정도 왼쪽에 위치해 있어야 하고, 오른쪽 어깨는 왼쪽 어깨보다 그만큼 아래로 치우쳐 있어야 한다. 선 자세가 Y축을 말한다면 공의 위치는 X축을 일컫는다. 그것이 바로 타깃에서 공을 얼마나 멀리 또는 가깝게 놓느냐를 결정한다. 간혹 어떤 골프 서적을 보면 클럽의 크기에 따라 공의 위치를 바꾸어 놓는 것을 볼 수 있는데, 이것은 하나의 의견이지 과학적으로 증명된 것은 아니다. 물론 티 샷을 할 때는 클럽 헤드가 최하점의 궤도에서 올라오면서 공을 치게 되므로 왼쪽 뒤꿈치 선상에 공을 놓고 클럽이 올라가면서 공에 맞도록 유도하면 된다.

3. 풀 스윙과 트러블 샷 정리

일단 셋업 준비가 되었다면 백 스윙을 시작한다. 사실상 지면을 통해 3차원 스윙을 설명하기란 참으로 어렵다. 그래서 일단은 아쉽지만 그림으로 설명을 보충하기로 한다.

174쪽 그림에서처럼 첫 백 스윙의 시작은 그립에서 양어깨를 잇는 삼각형을 유지하면서 클럽을 뒤로 빼는 것이다. 이렇게 하여 2시 방향이 될 즈음이면 자연스럽게 코킹이 들어가면서 어깨가 돌아가기 시작한다. 물론 이때 하체는 거의 셋업 자세를 유지하도록 노력해야 한다. 백 스윙이 거의 정상에 이르렀을 때는 엉덩이와 백 스윙으로 뒤틀린 허리에 의해 텐션이 있어야 한다. 이때는 몸무게의 70%가 오른발 안쪽에 쏠리도록 한다. 만약 이것이 제대로 되지 않으면 스웨이(Sway)나 리버스 피봇(Reverse Pivot)을 하게 되므로 각별히 조심한다. 즉 몸무게가 오른쪽에 있지만 오른발 바깥쪽으로 몸이 실리면 스웨이 된 상태이고, 반대로 스웨이를 방지하기 위해 무게를 안쪽에 두면 몸무게가 왼쪽으로 실리게 되어 리버스 피봇을 만들게 되는 것이다.

그림 41. 백 스윙의 시작과 체중 배분.

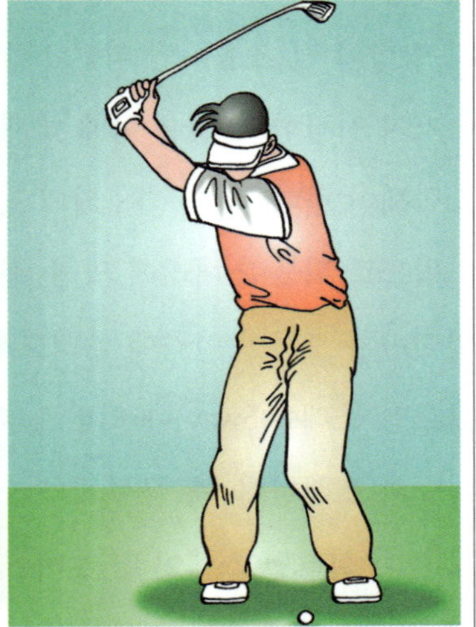

그림 42. 클럽이 지면에 평행을 이룬 자세가 가장 좋다. 하지만 그림처럼만 돌아가도 괜찮다.

스윙에는 이동(Shift)과 회전(Turn)의 2가지 모션이 있다. 이동한다는 것은 셋업 시 백 스윙을 시도하는 과정에서 몸 전체를 오른쪽으로 3cm 정도 움직이는 것을 말하는데, 이것은 몸의 중심을 오른쪽으로 이동시키는 역할을 한다. 물론 그 이후에는 뒤로 도는 모션으로 백 스윙을 마무리하게 된다. 이렇게 해서 잡힌 백 스윙 자세는 앞 그림에서처럼 클럽이 지면과 평행을 이루는 것이 가장 좋다고 할 수 있다(백 스윙 톱에서 바른 오른손 자세는 웨이터가 어깨 위로 쟁반을 들고 가는 자세). 그러나 초보 골퍼들은 허리 회전이 아직 유연하지 못하므로 그림처럼만 돌아가도 괜찮다고 볼 수 있다.

다운 스윙

이렇게 해서 백 스윙이 준비되면 다운 스윙의 시작은 백 스윙과는 역으로 진행한다. 우선 왼발 — 왼쪽 무릎을 다시 3cm 정도 왼쪽으로 이동하여 몸의 무게를 왼쪽으로 끌어오면서 왼쪽 허리가 뒤로 빠지고 오른쪽 어깨가 턱 아래 방향으로 내려오게 한다. 이때에도 팔과 클럽의 각도는 계속 유지하면서 내려오다가 마지막에 팔이 내려오고 임팩트 후 오른손이 왼손 위로 올라가게 되는 크로스 오버(Cross Over)를 하게 된다.

여기서 중요한 것은, 다운 스윙의 시작은 팔이 아니라 몸의 이동이고, 그 다음이 어깨 회전이며, 가장 마지막으로 팔이 내려와야 한다는 점이다. 이 부분은 골프를 처음 접하는 아마추어들에게는 조

그림 43. 다운 스윙은 왼발 - 왼쪽 무릎을 다시 3cm 정도 왼쪽으로 이동하여 몸의 무게를 왼쪽으로 끌어오면서 왼쪽 허리가 뒤로 빠지고 오른쪽 어깨가 턱 아래 방향으로 내려오게 한다.

금 생소할 것이다. 골프는 허리와 다리, 어깨처럼 큰 근육으로 해야 한다는 골프 선배들의 말은 바로 이것을 의미한다. 손이나 팔처럼 작은 근육만 사용하면 스윙이 힘을 잃고 샷의 일관성도 떨어진다. 다시 말해 큰 근육을 사용하면 임팩트 시 클럽 페이스가 항상 같은 방향으로 공을 맞히게 되고 스윙에 힘이 생겨 팔로 칠 때보다 훨씬 더 공을 멀리 보낼 수 있다. 즉 아이스링크에서 3~4명의 선수가 손을 잡고 도는 상황을 떠올리면 된다. 이때 가장 안쪽에 있는 선수는 조금만 돌아도 가장 끝에 있는 선수는 큰 원을 그리면서 마치 가속도가 붙은 것처럼 돌게 된다.

다운 스윙을 할 때도 큰 근육을 사용하여 몸을 회전하면서 마지막으로 팔을 사용해야만 스윙 속도가 빨라진다. 또한 작은 근육만

그림 44. 스윙을 배울 때 공을 친다(Hit)는 느낌보다는 스윙 궤도 속에 공이 맞는다(Swing)는 생각을 주입할 필요가 있다.

사용하면 클럽 면의 각도가 들쑥날쑥해져 공의 방향이 일관성을 잃어 방향을 예측하기도 어렵다. 그러나 일단 큰 근육을 사용하면 손장난을 하지 못하게 되어 공이 일정한 각도로 맞기 때문에 방향 예측이 가능해진다. 이런 현상을 고치기 위해서는 앞에서 설명한 셋업의 4가지를 점검하여 공이 왜 왼쪽이나 오른쪽으로 흐르는지를 연구할 필요가 있다.

>> 스윙은 치는 것이 아니다

　다운 스윙을 할 때 알고 있어야 할 가장 중요한 사항 가운데 하나는 바로 공을 치려고 해서는 안 된다는 것이다. 앞에서도 여러 번 언급했지만 일단 연습 스윙 때는 공이 없기 때문에 피니시를 목표로 자연스러운 스윙을 할 수 있는 데 반해 일단 공을 보고 치려 하면 목표가 피니시가 아닌 공으로 가게 되어 공을 팔로 때릴 가능성이 높아진다. 일단 스윙이 이렇게 굳어지면 연습 스윙과 실전 스윙이 별개의 것이 되어 버려 실전에서 좋은 샷을 치기가 점점 힘들어진다. 그러므로 처음부터 스윙을 배울 때 공을 친다(Hit)는 느낌보다는 스윙 궤도 속에 공이 맞는다(Swing)는 생각을 주입할 필요가 있다.

오르막길과 내리막길 샷(Up Hill & Down Hill Shots)

평평하지 않은 지면에서 공을 치게 되면 많은 골퍼들이 당황한다. 그러나 어떻게 셋업해야 하는지, 또 어떻게 공을 때려야 하는지 잘 모르는 상태에서 어설프게 공을 치다 보니 실타를 범하는 경우가 많다.

일단 오르막 형태의 샷을 구사하기 위해서는 어깨를 가능한 한 지면과 평행하게 만드는 것이 우선이다. 그리고 공의 위치는 경사에 따라 다르겠지만 스윙의 최하점은 양발의 중앙보다 왼발 쪽으로 떨어지므로 경사가 높을수록 공을 더 왼쪽에 두어야 한다. 또한 이때는 경사진 언덕 때문에 클럽의 각도가 더 생기므로 한두 클럽 길게 잡고 평상시 스윙의 80% 정도로 하면 밸런스를 잃지 않고 편안한 샷을 구사할 수 있다. 물론 내리막 스윙은 오르막 스윙과 반대로 생각하면 된다. 이렇게 경사진 샷을 구사할 때 균형을 잘 잡

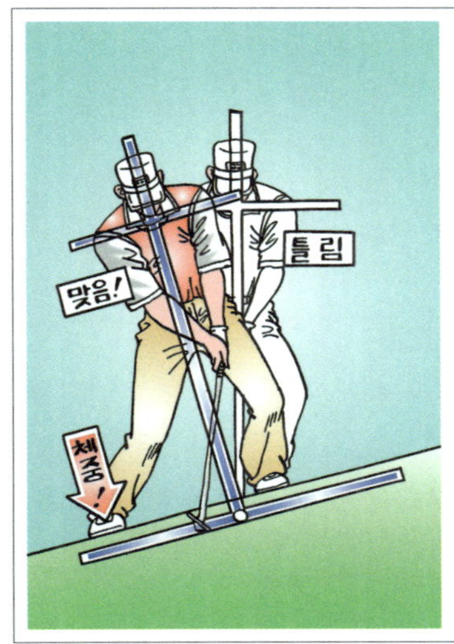

그림 45. 일단 오르막 형태의 샷을 구사하기 위해서는 어깨를 가능한 한 지면과 평행하게 만드는 것이 우선이다. 내리막 스윙은 오르막 스윙과 반대로 생각하면 된다.

기 위해서는 오른발을 5cm 정도 뒤로 빼 주면 된다.

옆 경사진 샷(Side Hill Shots)

공이 발보다 아래쪽에 있는 상황에서는 몸의 중심이 어깨 앞으로 쏠리지 않도록 엉덩이를 그만큼 뒤로 빼 몸의 중심을 발뒤꿈치에 두어야 한다. 클럽은 평상시보다 한두 클럽 길게 잡고 평소보다 왼쪽을 보면서 80%의 스윙 속도로 공을 쳐야만 무리하지 않은 샷을 할 수 있다. 그러나 이때는 흔히 풀 스윙을 하여 큰 슬라이스가 나거나 슬라이스를 방지하려고 오른손을 너무 일찍 사용하여 훅이 나는 경우도 있다. 공이 발보다 위쪽인 경우에는 발 아래의 샷

그림 46. 공이 발보다 아래쪽에 있는 상황. 몸의 중심이 어깨 앞으로 쏠리지 않도록 엉덩이를 그만큼 뒤로 빼 몸의 중심을 발뒤꿈치에 두어야 한다.

과는 반대 자세로 치면 된다.

그린 주변의 벙커 샷(Green Side Bunker Shot)

벙커 샷에는 여러 가지 종류가 있지만 여기서는 주말 골퍼들에게 가장 중요한 셋업 테크닉에 대해 알아 보자. 일단 벙커 샷을 하기 전에는 클럽이 공에 닿으면 안 된다는 것을 기억해야 한다. 샌드 웨지는 벙커 샷을 위해 특별히 개발된 클럽으로, 공의 2~4cm 뒤를 쳐서 모래의 힘으로 공이 나오게 한다는 생각으로 쳐야 한다. 셋업 자세를 간단하게 설명하면 다음과 같다.

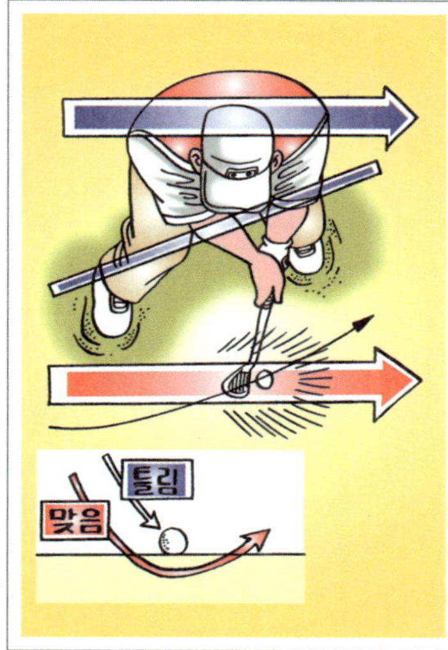

그림 47. 페어웨이 벙커 샷은 공의 2~4cm 뒤를 쳐서 모래의 힘으로 공이 나오게 한다는 생각으로 쳐야 한다.

① 몸은 목표의 왼쪽을 향하고 클럽 페이스는 목표를 보게 놓는다.

② 공은 왼발 뒤꿈치를 향해 자리를 잡는다.

③ 이 상태에서 백 스윙을 평상시처럼 어깨 방향대로 하면서 공 뒤의 2~4cm를 친다.

④ 클럽 페이스가 임팩트 뒤에도 하늘을 보도록 쳐야 한다(탁구를 할 때 공을 깎는 느낌으로).

페어웨이 벙커 샷(Fairway Bunker Shot)

페어웨이 벙커 샷은 평상시 셋업 자세와 비슷하나 발로 모래를 비벼 대어 지면보다 한 2cm 정도 자세를 낮게 취한 뒤 공을 먼저

그림 48. 발로 모래를 비벼 대어 지면보다 한 2cm 정도 자세를 낮게 취한다.

맞춰야 하기 때문에 평상시보다 공을 2cm 정도 오른발 쪽에 놓고 클럽도 발이 모래에 들어간 만큼 2cm 정도 짧게 잡고 친다. 이때 하체는 고정하고 상체를 많이 사용하는 스윙을 하려고 노력한다.

골프의 미스터리, 그것이 알고 싶다

골프의 미스터리, 그것이 알고 싶다

Q | 왜 공을 맞힌 뒤에 반드시 피니시를 해야 하나?

A | 공의 클럽 속도를 임팩트 시 가장 빠른 속도로 지나가게 하기 위해서다. 다시 말해 비거리를 많이 내려면 스윙 중 클럽의 속도가 최고점에 달했을 때 공이 맞아야 하는데, 피니시가 끝까지 되어야 그것이 가능하다. 또 한 가지는 피니시를 이렇게 잘해 주어야만 클럽이 열리거나 닫히지 않고 공에 똑바로 맞아 바른 방향으로 가기 때문이다.

Q | 왜 같은 스핀인데 슬라이스 샷은 공이 짧게 가고 드로우 샷은 멀리 날아가는 것인가?

A | 너무나 당연한 것으로 알고 있지만 문득 이런 질문을 받게 되면 쉽게 대답이 나오지 않는다. 슬라이스는 성격상 클럽을 열고 치기 때문에 공을 위로 뜨게 하여 착지한 뒤 롤이 많지 않다. 하지만 드로우는 클럽이 닫혀 맞기 때문에 공의 탄도가 낮아 떨어진 뒤 많이 굴러가기 때문이다.

Q | 왜 이슬에 젖어 있는 공은 잘 뜨지 않을까?

A | 공이 뜨는 원리는 공의 딤플과 클럽에 만들어진 줄이 맞물리면서 스핀이 생기기 때문이다. 그런데 공이 이슬에 젖어 있으면 클럽과 공 사이에 물이 끼면서 스핀이 덜 먹히기 때문에 뜨는 데 방해를 받는다.

Q | 프로들은 공을 똑바로 치고 있나?

A | 꼭 그렇지는 않다. 공을 똑바로 친다는 것은 불가능하다. 비슷하게 보낼 수는 있어도 자연 환경 등의 영향으로 임팩트 시 1도의 차이도 없이 공을 똑바로 칠 수 있는 골퍼는 아무도 없다. 물론 이는 기계로 친다고 해도 마찬가지다. 프로들은 그래서 페이드(Fade)나 드로우(Draw) 가운데 한쪽을 선택해 자신의 몸에 자연스러운 샷을 구사한다.

Q | 왜 초보 골퍼들의 95% 이상이 공이 오른쪽으로 가는 샷을 치게 되는가?

A | 여러 가지 복합적인 이유가 있겠지만 가장 결정적인 이유는 우선 보통 사람들의 신체 조건이 그렇게 발달되어 있기 때문이다. 걸을 때는 왼쪽, 오른쪽 어깨가 앞뒤로 움직인다. 이렇게 숙달된 근육이 처음 골프채를 잡고 치게 되면 오른쪽 어깨가 자연스럽게 앞쪽으로 오면서 임팩트 시 클럽이 열리며 공을 맞히게 된다. 그러면 오른쪽 스핀을 주게 되어 공이 오른쪽으로 쏠린다(왼손잡이 골퍼는 반대로 해석하면 된다).

Q | 공이 잘 맞지 않으면 고개를 들어서 그렇다고 하는데 정말인가?

A | 결과적으로는 그렇게 보일지 모르나 실질적으로는 그렇지 않다. 공을 치면서 고개를 들고 치는 골퍼는 없다. 그러나 다운 스윙 때 몸을 일으켜 세우므로 셋업 시 등줄기가 만드는 각도가 세워져 고개를 들게 되는 것이다. 또 한 가지는 굽힌 무릎을 펼 때 몸이 전반적으로 서게 되기 때문에 고개가 위로 움직여지는 것이다. 그러므로 고개를 들었다면 다운 스윙 때 등을 세웠는지 무릎을 폈는지를 관찰하여 스윙을 고치도록 해야 한다.

Q | 풀 스윙할 때 클럽이 공의 뒤땅을 때리는 이유는 무엇인가?

A | 다운 스윙 시 성급하게 오른팔로 공을 때리려 하기 때문이다. 보통 셋업을 할 때는 오른팔과 왼팔이 약간 풀린 상태에서 팔이 조금 굽혀져 있는데, 다운 스윙 때 공을 급히 때리려고 오른팔에 힘을 많이 넣어 오른팔이 너무 일찍 펴지면서, 상대적으로 클럽이 길어진 만큼 공의 뒷면을 치게 되기 때문이다. 공을 의식해 때리지 말고 자연스러운 스윙 궤도에서 공이 맞도록 해야 한다.

Q | 치핑할 때는 왜 뒤땅을 치거나 토핑을 하게 되는가?

A | 일반적으로 골퍼들은 공을 띄우기 위해서는 클럽을 위쪽으로 올려쳐야 된다고 생각한다. 그 때문에 공을 칠 때 오른쪽 손목을 일찍 꺾어서 클럽이 공의 뒤땅을 치거나 클럽이 올라가면서 토핑을 범하게 된다. 이를 방지하기 위해서는 팔목을 깁스했다고 가정하

고 손목을 꺾지 말고 팔로만 치는 연습을 하는 것이 중요하다.

Q | 셋업 시에는 왜 오른쪽 어깨가 왼쪽 어깨보다 내려오게 자세를 취해야

하나?

A | 이런 질문을 많이 듣는데, 그 이치를 생각해 보면 답은 간단히 나온다. 일단은 그립을 잡을 때 왼손보다 오른손이 아래로 내려가기 때문이다. 또 자세를 제대로 한다면 그립을 중앙에서 약 5cm 정도 왼쪽으로 잡기 때문에 그만큼 더 오른쪽 어깨를 내려야 한다.

Q | USGA의 공식 핸디는 어떻게 정해지는가?

A | 현재 USGA(United States Golf Association)에서 사용하는 복잡한 공식 핸디 방법을 쉽게 풀어서 설명하겠다. 골퍼의 핸디는 최근에 20번 라운딩한 점수 중에서 뽑은 베스트 10의 평균 점수라 할 수 있다. 다시 말해 평소 라운딩할 때의 평균 점수보다는 높고 베스트 스코어에는 못 미치는 점수가 바로 본인의 핸디다. 새로 라운딩한 점수가 최근의 톱 10 점수보다 높으면 그 점수가 핸디를 내려 준다. 그러나 반대로 성적이 아주 저조할 경우에는 적어도 10번 이상 비슷하게 저조한 점수가 나와야 핸디가 상향 조정된다. 그래서 일단 한번 내려놓은 핸디는 좀처럼 다시 올리기가 힘들다.

벼락 골프 팁 베스트 10

01 치핑, 띄우느냐 굴리느냐 그것이 문제로다

공은 떠서 갈 때보다 굴러갈 때 더욱 정확하게 보낼 수 있다. 더욱이 공이 떠서 지면에 닿을 때 평평하지 않은 곳에 떨어졌을 경우에는 어떤 방향으로 구를지 알 수 없기 때문에 방향성도 많이 잃는다. 그러므로 핀과 거리가 10야드 안에 떨어져 있는 피칭은 공이 러프에 걸려 있지 않는 한 피칭 웨지보다는 퍼터를 사용해서 구르게 하는 것이 좋다.

02 숏 퍼트, 홀 뒷면을 대고 쳐라

공을 꺼내면서 홀 주위에 생긴 신발 자국 때문에 약하게 맞은 공이 홀 주위에서 브레이크의 영향을 받아 숏 퍼트를 놓치는 경우가 종종 있다. TV에서 프로들이 숏 퍼트를 넣는 장면을 보면 공이 항상 컵의 뒷면을 맞고 들어간다. 이처럼 짧은 퍼트는 반드시 홀의 뒷면을 맞힌 뒤 넣으면 많은 실수를 줄일 수 있다.

03 피칭, 공이 홀 아래쪽으로 떨어지게 겨냥하라

많은 골퍼들은 치핑을 할 때 깃발을 향해 친다. 물론 이렇게 해서 볼이 들어갈 수 있다면 얼마나 좋을까? 그러나 18홀을 도는 동안 한 번이라도 공이 그렇게 들어갈 확률은 거의 없다고 봐도 된다. 때문에 피칭을 하기 전에는 퍼팅 주위를 돌아보고 퍼팅하기 가장 좋은 위치를 연구한 뒤 공이 그 주변에 떨어지도록 해야 한다. 물론 다운 힐 퍼팅보다는 업 힐 퍼팅이 수월하므로 공이 그쪽에 떨어지도록 유도해야 한다.

04 긴 퍼팅과 오르막 퍼팅은 생각보다 길게 친다

대부분의 골퍼들은 긴 퍼팅과 오르막 퍼팅이 주로 홀에 미치지 못하게 친다. 특히 거리가 멀고 경사가 높을수록 퍼팅은 짧다. 물론 라운딩 시작 전 연습장에서 긴 퍼팅을 할 때 10발자국 이상 떨어진 거리감을 익히는 연습을 해야 한다. 거리감이 없을 때는 홀컵이 원위치보다 1~2m 뒤쪽에 있다고 머릿속으로 그린 뒤 퍼팅한다.

05 어드레스는 공의 사인을 타깃 라인으로 이용한다

자신은 똑바로 겨냥하고 있다고 생각하는데, 클럽을 두 발 앞쪽에 닿게 내려놓고 뒤로 가서 클럽이 가리키고 있는 방향을 보면 주로 타깃의 오른쪽을 향하고 있다는 것을 확인할 수 있다. 이를 방지하기 위해서는 일단 어드레스 하기 전에 타깃 라인(공과 목표점)을 만든 다음 공의 로고를 이용해 타깃 라인과 맞추어 놓는다. 그런 다음 어드레스할 때는 더 이상 목표를 보지 말고 보디 라인(양발, 양무릎, 양어깨)과 타깃 라인이 평행하게 잡으면 된다.

06 가상의 네트를 머릿속에 만들어 친다

공을 정말 잘 쳐야 할 상황이거나 공을 더욱 멀리 보내야 할 경우일수록 머릿속에 가상의 네트를 만들어 10m 앞에 있다고 상상하면서 느긋하게 스윙한다. 이렇게 여유 있게 스윙하면 스윗 스폿을 제대로 맞혀 평상시보다 공을 더욱 정확하고 멀리 보낼 수 있다.

07 치핑할 때는 스윙 후 공 밑에 있는 잔디를 끝까지 본다

대다수의 주말 골퍼들은 치핑을 할 때 공이 클럽에 닿기도 전에 머리가 목표를 향하면서 많은 미스 샷을 연발한다. 공이 맞은 뒤에도 클럽이 완전히 지나갈 때까지는 고개를 움직이지 않도록 노력한다.

08 세컨드 샷을 칠 때는 평소보다 클럽을 하나 더 잡는다

대다수의 아마추어 골퍼들의 어프로치 샷은 항상 그린 앞쪽에 떨어진다. 여기에는 두 가지 이유가 있다. 하나는 자신이 원하는 만큼 스윗 스폿을 맞히지 못하는 것이고, 또 하나는 항상 자신의 비거리가 생각보다 더 많이 나간다고 착각하고 있기 때문이다. 중요한 것은 어떤 클럽을 사용하든 간에 공을 퍼팅 그린에 올리는 것이다.

09 백 스윙과 다운 스윙 템포 잡기(하나아~ 두우~울~ 셋)

대다수 골퍼들의 백 스윙은 빠르다. 그러나 제대로 준비되지 않은 상황에서 급하게 백 스윙을 하고 다운 스윙을 한다면 망가지기 쉽다. 이를 방지하기 위해서는 머릿속에 이런 생각을 넣어 둔다. 즉 백 스윙은 하나아~ 두우~울이고, 다운 스윙은 셋으로 생각하면서 템포를 잡으면 대체로 바른 템포를 유지할 수 있다. 백 스윙 속도와 다운 스윙 속도의 비율은 3대 1 정도로 백 스윙을 천천히 유도하는 것이 좋다.

10 이슬에 젖어 있는 페어웨이 샷을 할 때는 3번 우드보다는 5번이나 7번으로 친다

앞에서도 언급했듯이 젖어 있는 공을 칠 때는 공에 스핀이 덜 먹힌다. 이럴 때는 공이 뜨는 것을 도와주기 위해서 로프트(Loft)가 높은 5번이나 7번 우드로 치는 것이 현명하다. 물론 거리도 3번 우드에 비해 더 멀리 날아갈 수 있다.

11 퍼팅 시 공의 로고를 이용해 타깃 라인을 잡는다

퍼팅처럼 정확성을 요구하는 샷은 없다. 물론 짧은 퍼트일수록 더욱 정확한 샷이 요구된다. 긴 퍼트는 어차피 들어가지 않으므로 상관없지만 짧은 퍼트는 반드시 넣어야 하기 때문에 그만큼 정확한 셋업과 방향 설정이 필요하다. 이럴 때는 공의 로고를 이용해 공 뒤에서 목표를 보면서 그 방향에 맞춰 놓으면 퍼팅할 때 훨씬 많은 공이 홀에 들어간다.

12 클럽은 클럽이 디자인되어 있는 그대로 친다

셋업 과정에서 클럽을 그라운딩할 때 보면 클럽이 만들어진 용도대로 어드레스하는 골퍼는 그리 많지 않다. 하나의 클럽은 수많은 골프 과학도들이 수년간 많은 시간과 노력을 투자하고 연구와 실험을 거듭해 각 클럽의 성격에 맞게 디자인한 결과 탄생한 것이다. 그러나 이를 무시한 채 클럽의 바닥을 제대로 그라운딩하지 않고 클럽의 바닥을 끌어올리거나 너무 뒤로 눌러 놓고 자세를 잡는다면 스윙을 시작하기도 전에 이미 그 스윙은 망가져 있는 것이다(셋업의 4가지 참고).

필드 레슨 포인트

| 티 샷 |

① 티 박스의 방향과 페어웨이의 방향이 다른지 살핀 다음 자세를 잡는다.

② 짧은 파4홀일수록 타깃보다는 핀을 보는 경우가 많으므로 조심한다.

③ 최선의 스윙은 가장 편안할 때 가능하고, 가장 편안한 샷은 기대를 버리고 10m 앞에 가상의 네트를 만들어 그 네트를 친다는 느낌으로 하는 것이 좋다.

| 페어웨이 우드 |

① 라이가 짧은 페어웨이에 놓여 있을 때는 3번 우드보다 5번이나 7번 우드를 사용한다.

② 공이 젖어 있을 때도 3번 우드보다는 5번이나 7번 우드를 사용한다.

③ 파5홀에서 두 번에 공을 올리지 못한다면 무리한 3번 우드를 피하고 5번 우드나 4번 아이언으로 피칭을 풀 스윙할 거리에

공을 갖다 놓고 친다.

④ 또한 3번 우드가 자신 없으면 서슴지 말고 5번이나 7번 우드를
선택한다.

| 장애물 샷 |

① 만약 미스 샷을 쳤다면 그것을 빨리 인정하고 다시 정상적인
샷을 할 수 있도록 침착하게 홀을 공략한다.

② 장애물이 있으면 모든 샷이 그 장애물을 피해 가도록 방향과
거리를 결정한 뒤 클럽을 선택한다.

③ 오르막 샷은 공이 왼쪽으로(드로우) 가기 쉬우므로 평소보다
조금 오른쪽을 보고 공략한다.

④ 내리막 샷은 공이 오른쪽으로(페이드) 가기 쉬우므로 평소보
다 조금 왼쪽을 보고 공략한다.

| 클럽 설정 |

① 주말 골퍼들은 두 번째 아이언 샷을 할 때 생각보다 약 10야드
정도 더 보고 친다.

② 각 클럽의 캐리와 롤을 정확히 알고 있어야 한다.

| 숏 게임과 퍼팅 |

① 가능하면 칩보다는 퍼트를 한다.

② 긴 퍼트는 방향보다 거리가 더 중요하다.

③ 짧은 퍼트는 거리보다 방향이 더 중요하다.

| 라운딩 시작 30분 전 |

① 머릿속 : 편안한 생각을 하면서 집중한다.

② 연습 : 체조로 근육을 풀어 준다.

③ 첫 홀 티 샷 준비 : 심호흡을 세 번 하고 공이 날아갈 가장 멋진 샷을 생각한다.

④ 쓰리 퍼트 방지 연습 : 홀을 돌아가면서 열 번 이상 연속 넣는 연습을 한다.

| 각 홀마다 생각해야 할 점 |

① 티 샷 : 항상 꾸준한 템포로 몸의 움직임을 최소화하고 좋은 샷을 연상한다.

② 두 번째 샷 : 바른 클럽 선정에 초점을 맞춰 장애물이 없는 곳을 피해 방향을 결정한다.

③ 피칭 : 가능한 한 그린의 중앙을 보고 공략한다.

④ 치핑 : 공이 그린 주변이고 러프가 아니라면 무조건 퍼터를 잡는다.

⑤ 긴 퍼트 : 두 번에 퍼팅을 마무리할 수 있도록 첫 퍼트를 준비한다.

⑥ 중간 퍼트 : 공이 들어가지 않았을 경우 홀에서 2피트 정도 지나가도록 친다.

⑦ 짧은 퍼트 : 강하게 홀의 뒷면을 친다는 느낌으로 친다.

| 18홀 공략법 |

① 준비 홀(1~3홀) : 몸의 컨디션을 풀면서 무리한 샷을 금한다.

② 공격 홀(4~15홀) : 몸이 풀렸으면 정상적인 샷을 구사한다.

③ 정리 홀(16~18홀) : 마지막 3~4홀에서는 체력이 소모되어 풀 스윙을 할 때 큰 근육보다는 손이나 팔의 작은 근육으로 공을 때리게 된다. 그러므로 평소에 풀 스윙의 85% 정도의 속도로 쳐서 무리한 스윙을 자제하도록 한다.

스윙의 열쇠들

| 스윙 키의 장점 |

① 불필요한 생각을 없앨 수 있다.

② 스윙이 자연스러워지면서 공을 때리는 습관을 막아 준다

③ 컨디션이 좋지 않을 때 스윙 키를 많이 가지고 있으면 어려운 상황에서 빠져나오는 데 도움이 된다.

④ 스윙 키에는 여러 가지가 있지만 그중에서도 다운 스윙 키가 가장 효과적이다.

| 셋업의 스윙 키 |

① 스윙 전 몇 번의 심호흡을 통해 목의 근육을 흔들어 풀고 어깨와 팔, 몸의 근육이 경직되지 않도록 한다.

② 공의 타깃 라인 선상의 한 목표를 정한 뒤 보디 라인이 타깃 라인에 평행하도록 자세를 잡는다.

| 백 스윙 키 |

① 백 스윙을 시작하기 전에 왼쪽 무릎을 안쪽으로 집어넣고 시

작한다.

② 양팔과 가슴이 만들어 주는 삼각형을 클럽이 지면에 평행할
   때까지 유지한다.

① 오른쪽 팔꿈치를 몸에서 최대한 가깝게 유지한다.

② 몸의 왼쪽 옆구리가 빨리 목표를 향해 돌아가도록 한다.

③ 페이드를 치고 싶을 때는 피니시를 높게 생각한다.

④ 드로우를 치고 싶을 때는 피니시를 낮게 생각한다.

⑤ 스웨이가 나는 골퍼는 공 아래에 동전이 있다고 생각하고 임
   팩트 후에도 그 동전을 보도록 한다.

⑥ 오버 스윙을 하는 골퍼는 피니시한 뒤의 자세를 생각하면서
   평상시의 80% 정도로 스윙한다.

⑦ 피니시한 뒤 양쪽 엄지손가락이 왼쪽 귀 위로 가도록 한다.

⑧ 파워가 필요할 때는 오른쪽 손목이 임팩트 시 풀리지 않도록
   한다.

평소 반드시 알고 있어야 할 상황
골프 룰 베스트 25

01 스티브가 티 샷을 치고 세컨드 샷을 쳤는데 공을 찾을 수가 없었다. 다시 제자리로 와 공을 치고 홀 아웃하려는 순간 홀에서 먼저 쳤던 공을 발견했다. 어떻게 계산해야 하는가?

룰 1-1에 의해 첫 번째 친 공이 이미 홀에 들어가 그 홀에서 경기가 끝났으므로 2벌타로 계산해야 한다.

02 퍼팅 그린에 깃대가 놓여 있는 상태에서 스티브가 퍼팅을 시도했는데, 공이 너무 세게 맞아 홀을 지나 깃대를 향해 날아갔다. 이를 본 마이크가 공이 맞지 않도록 깃대를 집어들었다. 이것은 룰을 어긴 것인가? 그렇다면 누가 벌타를 받게 되나?

룰 1-2, 공의 흐름을 방해한 것으로 마이크가 2벌타를 받게 된다. 그런데 만약 그대로 깃대를 놔두었다면 룰 17-3에 의해 스티브가 퍼팅 그린에서 깃대를 친 벌타로 2타를 먹게 된다.

03 잠정구와 세컨드 볼의 차이는 무엇인가?

규칙을 잘 이해하지 못하여 현재 놓여진 상황을 어떻게 대처해야

할지 잘 모르겠다면 룰 3-3에 의거해 세컨드 볼을 사용할 수 있는
데, 2개의 공을 동시에 치면서 그 홀을 끝낼 수 있다. 이때 만약 2
개의 공을 친 점수가 다르게 나왔다면 본부의 결정을 기다린다.
그리고 잠정구는 공을 잃어버렸거나 OB라고 생각했을 때 시간을
절약하기 위해 치는 샷이다.

04 첫 번째 홀을 돈 뒤 클럽이 14개 이상이라는 것을 알았을 때와 마지막
홀에서 발견했을 때의 벌타 차이는?

한 홀당 2타씩 최고 4벌타를 받는다(룰 4-4b). 그러므로 첫 번째 홀
에서 발견했으면 2벌타, 18홀에서 발견했으면 최고 4벌타를 받게
된다. 만약 카드에 사인을 하고 카드를 본부에 넘긴 경우에는 실
격이다(룰 6-6d). 한 프로 골퍼는 경기가 끝난 뒤 골프 백에서 아들
의 퍼터가 들어 있는 것이 발견되어 실격당한 일이 있다.

05 첫 홀에서 어프로치 샷이 벙커에 들어가 세 번 만에 나오게 되자 마이크
는 화가 났다. 그 홀을 마치고 나서 뒤의 그룹을 보니 멀리 떨어져 있고,
또 동행한 친구들이 일단 홀을 마쳤으면 다음 티 샷 전에 연습이 가능하
다고 하기에 공을 3~4개 집어넣고 벙커 연습을 했다. 여기서 마이크가
잘못을 했다면 무슨 잘못을 했고, 또 벌타는 몇 개나 받게 되나?

룰 7-2에 의하면 물론 한 홀을 마친 뒤 다음 티 샷 전에 연습이 가
능하다. 그러나 이는 퍼팅 그린과 그 주변, 그리고 티 박스 근처에
서라고 할 수 있다. 그런데 해저드는 포함되지 않고, 벌타는 2개로

명시되어 있다.

06 7번 홀에서 세컨드 샷을 치려던 마이크가 거리감이 없어서 방금 친 스티브에게 몇 번 클럽을 잡았는지와 150야드 마크가 어디에 있느냐는 두 가지 질문을 했다. 이때도 벌타를 받게 되는가?

룰 8에 의하면 조언(Advice)과 일상 정보(Public Information)는 다르다. 여기서 몇 번 클럽을 잡았냐는 질문은 조언에 해당하고, 150야드 마크가 어디 있느냐는 질문은 일상 정보가 된다. 클럽 번호를 물어본 것에 대해서는 2벌타를 받고, 두 번째 질문은 누구나 다 알고 있는 것이기 때문에 벌타가 없다.

07 연습할 때는 티 샷을 건드려도 괜찮은데 두 번째 샷부터 홀 아웃할 때까지는 연습 시에 공을 건드리면 벌타를 먹는다. 이는 어떤 룰에 근거한 것인가?

룰 11-3과 1-1에 의거해 티 샷을 친다는 의도 없이 공이 티에서 떨어지거나 움직였을 때는 벌타를 먹지 않고 공을 제자리에 놓고 칠 수 있다. 그러나 일단 게임이 진행된 뒤에 공을 움직였다면 룰 18-2에 의거해 1벌타를 먹고 다시 제자리에 놓아야 한다.

08 처음 간 코스에서 길을 잘못 들어 잘못된 홀에서 티 오프를 했다면 어떻게 되나?

룰 11-4와 11-5에 의거해 2벌타를 받고 바른 홀에서 다시 티 오프하면 된다.

09 미국의 프로 골퍼 크래그 스테들러(Craig Stadler)가 나무 속에 있는 공
을 치려다 잔디가 젖어 있기에 손수건을 깔고 무릎을 꿇고 공을 쳤는데,
이를 본 시청자가 연락을 해 결국 벌타를 받았다. 어떤 룰에 의한 벌타
인가?
룰 13-2에 의하면 자신의 위치나 공의 위치를 개선할 수 없는데,
손수건이 자세를 개선했다는 판결이 내려진 것이다.

10 미셸이 친 공이 러프에 떨어졌는데, 주위의 잔디가 높아서 주변 풀을 뽑
았다면 어떤 룰을 어긴 것인가?
룰 13-2에 의하면 스윙하는 데 유리하게 하기 위해 인위적으로 환
경을 바꿀 수 없다. 이 룰에 의거해 미셸은 2벌타를 받게 된다. 또
한 가지 중요한 것은 공 주위의 풀뿐만 아니라 스탠스를 위해서
풀을 뜯어도 똑같은 벌타를 받는다.

11 워터 해저드에서 공을 칠 수 있어서 연습 스윙을 하다가 나뭇잎을 건드
렸을 경우에도 벌타가 있는가?
벌타는 없다. 그러나 룰 13-4에 의거해 해저드에서는 다음의 3가
지를 하면 안 된다.
① 해저드의 컨디션을 테스트하면 안 된다.
② 지면에 클럽이 공을 칠 때 빼고 닿으면 안 된다.

③ 루스 임페디먼트(Loose Impediments, 룰 23), 즉 나뭇잎이나 솔 방울, 지푸라기 등의 떨어져 있는 자연물을 건드리면 안 된다.

12 얼마 전 '유럽 골프 투어전'에서 두 선수가 서로 상대방의 공을 쳐서 화제가 된 일이 있었다. 보통 프로들이 시합을 할 때 한 사람은 실수를 해도 이렇게 두 선수 모두 같은 실수를 한 적은 극히 드문 경우라 뉴스에 소개되었다. 이렇게 그 홀을 끝낸 다음에 잘못한 사실을 알았을 때는 어떻게 벌타를 받게 되는가?

룰 15-3에 의거해 2벌타를 받고, 다음 홀에서 티 샷을 치기 전에 제자리로 돌아가 다시 쳐야 한다. 그동안 다른 공으로 친 것은 무효이고, 점수에 계산되지 않는다. 만약 잘못을 정정하지 않고 다음 홀에서 티 샷을 하면 실격된다.

13 공이 홀 바로 앞에 떨어질 듯 정지해 있을 때 기다릴 수 있는 시간은 얼마나 되나?

룰 16-2에 의거해 공을 친 뒤 홀까지 걸어가는 적당한 시간에 10초를 더한다. 그런데 만약 그 이후에 공이 들어가게 되면 1벌타를 추가해야 한다.

14 친 공이 날아가다가 지나가는 카트에 떨어졌는데, 그 카트가 계속해서 가던 방향으로 진행해 갔다면 어떻게 해야 하나?

룰 19-1에 의거해 공이 카트에 맞은 지점에 공을 놓고 벌타 없이

진행한다. 그런데 만약 그 카트를 자신의 캐디가 몰고 운전했다
면 2벌타를 먹고, 룰 19-2에 의거해 그 자리에 드롭한 뒤 친다.

15 퍼팅 그린에서 모래와 흙덩이를 손이나 모자로 툭툭 털어 버릴 수 있나?

룰 23에 의하면 이슬이나 살얼음은 포함되지 않고, 모래와 흙은
퍼팅 그린에서만 루스 임페디먼트로 인정한다. 2003년까지만 해
도 룰 16-1항에 의하면 퍼팅 그린에서 루스 임페디먼트를 움직일
수 있는 것은 손이나 클럽으로 한정해 놓았기 때문에 모자로 하
면 2벌타를 받았다. 그러나 2004년부터는 손이나 클럽 외에 모자
를 사용해도 무관한 것으로 룰이 바뀌었다.

16 골프장에 가 보면 OB를 표시하는 흰 말뚝과 150야드를 가리키는 흰 말
뚝들을 가끔 볼 수 있는데, 그것이 공을 치는 데 방해가 된다고 생각되
면 골퍼가 그 말뚝을 뽑을 수 있나?

OB 말뚝은 그 자체가 OB(룰 27)이기 때문에 움직일 수 없다. 그러
나 150야드를 나타내기 위해 꽂아 놓은 말뚝은 움직이는 장애물
로써 룰 24-1에 의거해 움직일 수 있다.

17 티 샷 주위에 만들어진 인공 보호 철조망 쪽으로 공이 넘어갔다면 어떤
구제를 받게 되나?

룰 24-2에 의거해 공이 놓여진 위치, 공을 치기 위해 자리를 잡아
야 하는 장소, 스윙 패스가 방해될 때에 한해서 공을 홀에 가깝지

않은 장소에 벌타 없이 한 클럽 안에서 프리 드롭(Free Drop) 할
수 있다.

18 스티브가 친 티 샷이 젖은 페어웨이에 박혔다면 어떻게 해야 하나? 만약
그 공이 페어웨이를 벗어난 러프에 박혀 있다면?
룰 25-2에 의거해 두 가지 경우 모두 그 장소에서 홀보다 가깝지
않으면서 지금의 자리와 가장 근접한 곳에 무벌타로 공을 드롭하
면 된다.

19 공이 워터 해저드에 들어갔을 때 벌타를 먹고 칠 수 있는 3가지 방법은
어떠한 것들이 있는가?
룰 26-1과 26-2에 의거해 한 타의 벌타를 받고
① 공이 들어간 지점 앞쪽에 놓고 치거나
② 로스트 볼로 인정하고 처음 친 곳에서 다시 치거나
③ 깃대와 공이 들어간 지점을 연결하는 일직선을 그린 다음 그
  지점 뒤쪽 선상 어디서든 공을 빼서 칠 수 있다.

20 공을 잃어버린 다음 얼마 동안 공을 찾을 수 있나? 그리고 찾기 전에 미
리 공을 쳤는데, 그 시간 내에 공을 찾았다면 이미 친 공은 어떻게 되
나?
룰 27에 의거에 공은 5분 동안 찾을 수 있다. 그러나 5분이 지나기
전에 다른 공을 놓고 쳤다면 그 순간 첫 번째 공은 로스트 볼로 간

주된다. 만약 공을 워터 해저드에서 잃어버렸을 경우에는 26-1에
의거해 1벌타를 먹고 그 룰에 의거해 진행해야 한다.

21 까다로운 다운 힐 1m 퍼팅이 홀과 퍼팅 그린을 지나 벙커 또는 물에 들
어갔을 경우 1벌타를 먹고 다시 그 자리에서 칠 수 있나?

물론 가능하다. 어떤 샷이든 로스트 볼은 그 공의 유무에 상관없
이 룰 27-b에 의거해 본인이 그 공을 로스트 볼로 인정하고 1벌타
를 받으면 그 자리에서 다시 칠 수 있다.

22 로스트 볼과 OB 볼의 차이점은?

룰 27-1에 의거해 벌타의 차이는 없다. 두 경우 모두 1벌타를 받고
원위치와 가장 비슷한 곳으로 돌아가서 다시 치면 된다.

23 잠정구는 공이 물에 빠졌다고 생각할 때도 칠 수 있는가?

그렇지 않다. 잠정구는 룰 27-2에 의거해 공이 워터 해저드가 아닌
곳에서 잃어버렸다고 생각되거나 OB가 된 경우에 시간을 절약하
기 위해서 상대방에게 그렇게 하겠다고 자신의 생각을 전달한 뒤
에 칠 수 있다. 만약 잠정구를 칠 때 상대방에게 의사 표시를 하지
않고 쳤다면 그 공은 그 전의 공을 잃어버린 것으로 간주되어 1벌
타를 먹고, 잠정구가 아니라 실전 공으로 생각하고 쳐야 한다.

24 언플레이어블 라이(Unplayable Lie)란 어떻게 정하나?

룰 28에 의거하면 워터 해저드를 제외한 어느 곳에서든 당사자 임의로 결정한다. 즉 공을 잘 칠 수 있는 상황이라 하더라도 본인이 결정하면 그만이다. 이런 상태에서는 위의 세 가지 방법을 잘 살펴 다음 샷을 준비해야 한다.

25 공을 드롭하는 데 있어 2클럽으로 드롭받을 때와 1클럽으로 드롭받을 때는 언제인가?

벌타를 받고 드롭할 때는 2클럽 안에서 하고, 릴리프를 받은 경우에는 1클럽 이내에서 드롭하게 된다.

※ 편집자주 : 룰은 매년 조금씩 변하므로 가장 최근의 골프 룰은 www.usga.org에서 찾도록 한다.